U0026931

歷代統紀表

四部備要

史部

上海中華書局據自刻本校刊

桐鄉陸費逵總勘
杭縣高時顯
杭縣吳汝霖輯校
杭縣丁輔之監造

歷代統紀表卷之九

偃師段長基述　孫鼎鑰 鼎鈞 校梓

唐高祖神堯皇帝

姓李名淵唐公李昞之子隴西人受隋禪都長安在位九年禪于太子壽七十歲

甲申　武德七年　是歲高開道輔公祏皆亡唯梁師都至貞觀二年乃亡

春二月

帝詣國子學釋奠于先聖先師

乙酉　八年

冬十一月加秦王世民中書令齊王元吉侍中

御批

秦王既有創業之功亦饒守成之略唐高祖審度神器所歸自當早定大計顧乃優遊不決坐致慘禍誠不得辭其責

丙戌九年

春二月以齊王元吉爲司徒

夏六月太白經天秦王世民殺太子建成齊王元吉立世民爲皇太子決軍國事

以魏徵王珪爲諫議大夫

司馬公曰立嫡以長禮也正也然高祖所以有天下皆太宗之功也隱太子以庸劣居其右地嫌勢逼必不相容向使高祖有文王之明隱太子有太伯之賢太宗有子臧之節則亂何自而生哉既不能然太宗始欲俟其先發然後應之如此則事非獲已猶爲愈也既而爲羣下所迫遂至喋血禁門推刃同氣貽譏千古惜哉夫創業垂統之君子孫之所儀刑也彼中明肅代之傳繼得非有所指擬以爲口實乎

若秦王英明特達爲有唐之令主其於建成元吉豈無委蛇善全之道必致胥肉相殘取讖後世固其謀之未臧匪謀遺逢獨幸也不

帝自稱太上皇

秋七月以高士廉爲侍中房玄齡宇文士及爲中書令蕭瑀封德彝爲僕射

八月太子世民卽位

詔傳位於太子太子固辭不許乃卽位

放宮女三千餘人

立妃長孫氏爲皇后

廬江王瑗反幽州將軍王君廓殺之

太子建成謀害秦王密與瑗相結建成死瑗心不自安故謀舉兵反

突厥始畢可汗于義寧二年死其弟處羅可汗立處羅武德三年死其弟頡利可汗咄苾立

突厥入寇至便橋帝出禦之突厥請盟而退

九月置弘文館

冬十月封故太子爲息隱王齊王爲海陵剌王改葬之

立太子承乾爲皇太子 生八年矣

十一月

十二月

太宗文武皇帝 名世民高祖次子在位二十三年壽五十三歲

丁亥 貞觀元年

春正月宴羣臣

降宗室郡王爲縣公

以戴胄爲大理少卿

以張玄素爲侍御史

以張蘊古爲大理丞

御批 賑恤以惠民固朝廷之德意惟慮奉行未善澤不下究爾獨蠲其租賦則比戶均沾爲愛民之實政

制諫官隨宰相入閣議事良法也

二月分天下爲十道

三月皇后帥內外命婦親蠶

夏六月詔所在賑恤蠲其租稅

以蕭瑀爲左僕射

秋七月以長孫無忌爲右僕射

九月宇文士及罷御史大夫杜淹參預朝政

冬十月

封德彝卒

嶺南酋長馮盎遣子入朝

御批
漢俗甚好祥瑞率多傳會其事自欺以欺人如區區鵲

十二月徵隋祕書監劉子翼不至

戊子二年

春三月詔自今大辟並令兩省四品及尚書議之

關內旱饑赦天下

夏四月詔收瘞隋末暴骸

秋九月詔非大瑞不得表聞

出宮女三千餘人

按綱目書選良家五而晉武居其三書出宮人九而太宗居其二二君之相去遠矣

以孫伏伽爲諫議大夫

長孫無忌罷

遣柴紹等討梁師都突厥突利可汗請入其下殺之以降以其朝地爲夏州

巢之異亦欲表賀唐太宗拒廷臣之請識見迴出尋常至謂瑞在得賢則卓然名論矣

冬十月		杜淹卒	
十一月以王珪爲侍中 詔自今奴告主者斬之		王珪爲侍中	遣使立薛延陀夷男爲真珠可汗
己丑 三年 春正月耕籍東郊 二月以房玄齡杜如晦爲僕射魏徵守秘書監參預朝政		裴寂卒	
夏四月上皇徙居大安宮			
六月		以馬周爲監察御史	
冬十一月		以李靖爲定襄道行軍總管統諸軍討突厥	
十二月 杜如晦罷		杜如晦罷	突厥利可汗入朝

以疾遜位故也

閏月

庚寅四年

春二月

以溫彥博爲中書令戴冑參預朝政蕭瑀參議朝政

三月四夷君長詣闕請帝爲天可汗許之

蔡公杜如晦卒

夏四月

詔訟不決者聽於東宮上啓

李靖破突厥於陰山頡利可汗遁走

杜如晦卒

李靖爲光大夫

蠻酋謝元深等來朝是歲中國人自塞外歸及四夷前後降附者男女一百二十餘萬口

突厥頡利可汗遁走

張寶相擒突厥頡利可汗以獻頡利敗遁往依沙鉢羅設蘇尼失部落任城王道宗以兵逼之使蘇尼失執頡利行軍副總

御批

唐太宗用魏徵

秋七月以李綱爲太子少師蕭瑀爲太子少傅

瑀自是不復預聞朝政也

以李靖爲右僕射

九月

冬十一月以侯君集參議朝政

除鞭背刑

大有年

伊吾來降置伊西州

高昌王麴文泰入朝

管張寶相取之以獻突厥既亡其部落降唐者尚十萬口帝詔羣臣議區處之宜魏徵曰戎狄人面獸心留之中國必爲心腹之疾宜縱之使還故土帝不能從卒用溫彥博策處於幽靈諸州○唐是以世有戎狄之患也沙鉢羅設之號蘇尼失人名

之言偃武修文化洽海宇誠得古帝王善治之道至其三喜一懼競競以驕奢自戒尤履隘而謙安不忘危之至計也

入綱目以來上下一千三百六十二年間有年之書凡六梁武帝一書後唐明宗一書然皆分裂之世無足深取若夫海內爲一人物阜康以大有年書獨永平開元與是年爾豈非治世之難逢哉

辛卯 五年

春正月皇太子冠

詔諸州劃削京觀加土爲壙

以金帛賜突厥贖男女八萬口

夏六月新昌公李綱卒

秋八月遣使詣高麗葬隋戰士

九月修洛陽宮

李綱卒

殺張蘊古 權萬紀譖之也惜哉

冬十月詔議封建

十一月

十二月

壬辰 六年

春正月朔日食

羣臣請封禪不許

三月如九成宮 去京師三百餘里

以長樂公主嫁長孫冲

夏四月

癸巳 七年

春正月王珪罷以魏徵爲侍中

造渾天儀

林邑新羅入貢

高州總管馮盎入貢開黨項之地爲十六州

鄒公張公謹卒

王珪罷魏徵爲侍中

秋九月山東四十餘州水遣使賑之

冬十一月以長孫無忌爲司空

十二月帝奉太上皇置酒未央宮

武德九年之後貞觀九年之前首尾十載所謂爲天子父以天下養者僅有是耳

削工部尚書段綸階

以綸奏徵巧匠造戲具也

甲午 八年

春正月以李靖等爲黜陟大使分行天下

冬十月營大明宮

以爲上皇清暑之所未成而上皇寢疾不果居

以李靖爲特進

西突厥咄陸可汗死

其弟沙鉢羅咥利失可汗立

吐谷渾寇涼州以李靖爲大總管帥諸軍

聘鄭氏爲充華既而罷之
因魏徵表鄭氏嘗許嫁士人陸爽也鄭氏鄭仁基之女充華婦官也九嬪之一

討破之

乙未 九年

夏五月太上皇崩

冬十月葬獻陵
三原縣東南一十八里

十一月以蕭瑀爲特進參預政事

丙申 十年

春正月

二月

以荊王元景等爲諸州都督

突厥阿史那社爾來降

三月

夏六月以温彥博爲右僕射楊師道爲侍中魏徵爲特進

皇后長孫氏崩

冬十一月葬文德皇后

十二月

丁酉 十一年

春正月

作飛山宮

元景唐高祖子太宗之弟

以吳王恪等爲諸州都督

恪太宗之子初帝納隋煬帝女爲妃生恪

黜治書侍御史權萬紀

以萬紀上言不言得賢而言采銀也

吐谷渾請頒曆遣子入侍

朱俱波甘棠遣使入貢

朱俱波在葱嶺之北去瓜州三千八百里甘棠在大海南皆西域國也

二月帝幸洛陽宮
豫爲山陵終制
因山爲陵容棺而已

三月

夏五月

六月

冬十月獵洛陽苑
以武氏爲才人
故荊州都督武士彠女年十四上聞其美召入後宮

以王珪爲魏王泰師
泰太宗之子

以南平公主嫁王敬直
敬直王珪之子珪令公主執笄行盥饋之禮自是公主始行婦禮事舅姑而弊俗始革矣

荊王元景等爲諸州刺史子孫世襲

安州都督吳王恪免
以恪數出田獵頗損居人被柳範彈奏也

虞公温彥博卒

武氏一女子才人一宮嬪而特筆書之者一以志唐室禍亂之本一以證高宗聚麀之實而太宗溺意女色之失亦固在其中矣

戊戌十二年

春二月帝發洛陽觀砥柱祠禹廟遂至蒲州

贈隋堯君素蒲州刺史

閏月朔日食

帝還宮

夏五月永興公虞世南卒

秋七月以高士廉爲右僕射

冬十二月

虞世南卒

以薛延陀眞珠可汗二子爲小可汗

以霍王元軌爲徐州刺史

以馬周爲中書舍人

西突厥乙毗咄陸可汗立

己亥　十三年

春正月加房玄齡太子少師

永寧公王珪卒諡懿

二月詔停襲封刺史

夏四月帝如九成宮

秋七月

霍地名元軌太宗之弟

王珪卒

尉遲敬德爲鄜州都督

初西突厥分其國爲十部每部酋長各賜一箭謂之十箭又分左右廂左廂號五咄陸置五大啜右廂號五弩失畢置五大俟斤通謂之十姓至是咥利失失衆心爲其臣所逐走焉耆尋復得其故地西部遂立欲谷設爲乙毗可汗中分其地

立李思摩爲突厥可汗

自突利可汗弟結社率亂言事者多云突厥留河南不

冬十二月

太史令傅奕卒

庚子十四年

春正月幸魏王泰第

二月詣國子監

三月

夏五月

冬十二月

便上乃賜懷化郡王阿史那思摩姓李氏立以為泥孰俟利苾可汗使帥其種落還舊部

以侯君集為交河大總管將兵擊高昌

西突厥咥利失可汗死 子乙毗沙鉢羅葉護可汗立號南庭咄陸為北庭

傅奕卒

侯君集滅高昌以其地為西州

流鬼國入貢 去京師萬五千里濱於北海

下侯君集等獄既而釋之

以張玄素為銀青光祿大夫

辛丑 十五年

春正月帝如洛陽宮

夏五月

冬十一月

以文成公主嫁吐蕃

起復于志寧爲太子詹事（于志寧遭母喪起復舊職）

以李世勣爲兵部尚書

西突厥咄陸可汗殺沙鉢羅可汗

壬寅 十六年

春正月

夏六月詔太子用庫物有司勿爲限制（承乾不子太宗有以啓之矣）

秋七月以長孫無忌爲司徒房玄齡爲司空

魏王泰上括地志

九月以魏徵爲太子太師

冬十月

許以新興公主嫁薛延陀

十一月

十二月獵于驪山

宇文士及卒

西突厥咄陸可汗爲其下所逐追使立射匱可汗

高麗泉蓋蘇文殺其王建武

癸卯

十七年

春正月鄭公魏徵卒

諡文貞鄭公沒帝曰朕亡一鏡矣

魏徵卒

圖功臣於淩煙閣

齊州都督齊王祐反伏誅

張亮爲洛州刺史

漢宣帝麒麟圖功臣漢明帝雲臺圖功臣唐太宗淩煙圖功臣

夏四月太子承乾謀反廢爲庶人立晉王治爲皇太子貶魏王泰爲東萊郡王

一廢一貶太宗可謂善處矣

以太子太保蕭瑀詹事李世勣同中書門下三品

考唐志以僕射爲尚書之長兼同侍中中書令故謂之三品其後或不稱同中書門下三品而止稱同三品或稱仍同三品品益差舛矣

六月

詔太子知左右屯營兵馬事

貶魏王泰爲東萊郡王

薛延陀來納幣詔絕其昏

遣使冊高麗王藏爲遼東郡王

秋七月房玄齡等上高祖今上
實錄
九月
徙故太子承乾於黔州
順陽王泰於均州泰本東萊郡王後以東萊郡王徙爲順陽王

徙順陽王泰于均州

甲辰十八年
春三月
秋七月以劉洎爲侍中岑
文本馬周爲中書令
九月以褚遂良爲黃門侍
郎參預朝政

以薛萬徹爲右衛大將軍

郭孝恪擊焉耆執其王突騎支

冬十月帝如洛陽以房玄齡留守

十一月以張亮李世勣爲行軍大總管詔親征高麗

詔諭天下蓋蘇文弒主虐民今問其罪

十二月故太子承乾卒

以張亮爲平壤大總管

帥兵四萬艦五百自萊州泛海趨平壤

以李世勣爲遼東大總管

帥步騎六萬及蘭河降胡趨遼東

武陽公李大亮卒

謚曰懿

突厥徙居河南可汗李思摩入朝

乙巳 十九年

春正月帝發洛陽

封比干墓

三月帝至定州詔皇太子監國

夏四月岑文本卒以許敬宗檢校中書侍郎諸軍至玄菟新城	岑文本卒 李世勣拔蓋牟城	
五月帝渡遼拔遼東城進軍白巖城六月降之進攻安市城大破其救兵于城下	張亮拔卑沙城	
秋七月	張亮至建安城破高麗兵	
九月		薛延陀真珠可汗死子多彌可汗拔灼立
冬十月帝還至營州祭戰亡士卒贖諸軍所擄高麗民萬四千口		

御批

漢唐以來士人信從釋教者往往有之皆識見中無所主耳若蕭瑀自請出家則又愚之至矣

十二月

丙午 二十年

春正月

帝還京師

遣孫伏伽巡察四方

二月詔皇太子聽政

閏月朔日食

冬十月

十二月帝生日罷宴樂

幸房玄齡第

丁未 二十一年

春正月申公高士廉卒諡文獻

以馬周攝吏部尚書

殺刑部尚書張亮 人告亮有反謀故斬之然反形未具帝後悔之

貶蕭瑀爲商州刺史 瑀因與同僚不合自請出家既而悔之帝以瑀反覆故貶之

高士廉卒

夏四月作翠微宮

初上得風疾苦京師盛暑命修終南山太和廢宮爲翠微宮

秋七月作玉華宮

八月詔停封禪

冬十一月

十二月

戊申

二十二年

春正月作帝範以賜太子

中書令馬周卒以長孫無忌檢校中書令

如玉華宮

立子明爲曹王

明乃帝納巢剌王元吉之妃所生尋以繼元吉後

徙順陽王泰爲濮王

馬周卒

骨利幹遣使入貢

骨利幹於鐵勒諸部爲最遠晝長夜短日沒後天色正曛煑羊胛適熟日已復出矣

遣阿史那社爾等擊龜茲

三月故隋后蕭氏卒

夏四月

五月

宋公蕭瑀卒諡貞褊

司徒梁公房玄齡卒諡文昭

秋九月以褚遂良爲中書令

冬十月帝還宮

十一月

十二月

己酉二十三年

春三月帝有疾詔太子聽

蕭瑀卒

房玄齡卒

西突厥葉護賀魯來降

遣王玄策使天竺因襲擊之執其王以歸

回紇吐迷度爲其下所殺詔立其子婆閏

阿史那社爾擊龜茲執其王布失畢

政

夏四月如翠微宮

五月衛公李靖卒 謚景武

帝崩長孫無忌褚遂良受遺詔輔太子還宮發喪罷遼東兵

六月太子卽位

以長孫無忌爲太尉李勣爲開府儀同三司並同三品

秋八月地震

葬昭陵

九月以李勣爲左僕射

冬十二月

李靖卒

范氏曰太宗以武撥亂以仁勝殘其材略優於漢高而規模不及也恭儉不若孝文而功烈過之矣迹其性本強悍勇不顧親而能畏義好賢屈己從諫刻厲矯揉力於爲善此所以有貞觀之治也夫賢君不世出自周武成康八百餘年而後有漢漢八百餘年而後有太宗其所成就者如此豈不難得哉

詔濮王泰開府置僚屬

唐高宗皇帝

太宗第九子名治在位三十四年壽五十六歲

庚戌 永徽元年

春正月立妃王氏爲皇后

秋九月

詔衡山公主俟喪畢成昏

高侃擊突厥車鼻可汗擒之

辛亥 二年

秋七月

八月以于志寧張行成爲僕射同三品高季輔爲侍中

西突厥賀魯殺射匱可汗自立爲沙鉢羅可汗詔左武候大將軍梁建方等討之

壬子 三年

癸丑

四年

春正月以褚遂良爲吏部尚書同三品

三月以宇文節爲侍中柳奭爲中書令韓瑗爲黃門侍郎同三品

秋七月立陳王忠爲皇太子

王皇后無子其舅柳奭爲后謀以忠母微賤勸后請立爲太子上從之

冬十一月

濮王泰卒

宇文節爲侍中

柳奭爲中書令

梁建方破處月朱邪於牢山

朱邪處月之別種世居蒲類海東西突厥苗裔本號朱邪因其地有大磧名沙陀故以沙陀爲號朱邪爲姓唐憲宗時有朱邪盡忠始見於中國其後有朱邪赤心懿宗時賜姓李名國昌克用其子也

春二月

以李勣爲司空

秋九月北平公張行成卒

以褚遂良爲右僕射

冬十二月

甲寅

五年

春三月以太宗才人武氏

爲昭儀

武氏名曌太原人武氏彠之女初爲太宗才人上爲太子入侍太宗見而悅之太宗崩武氏出爲尼時王皇后無子蕭淑妃有寵后令武氏長髮納之後宮欲以間淑妃之寵也既而武氏自扼殺其女以誣后帝因欲廢后立武氏褚

散騎常侍房遺愛及高陽公主謀反伏誅遂殺荊王元景吳王恪流宇文節於嶺南

張行成卒

高季輔卒

西突厥咄陸可汗死

遂良屢諫不聽終致篡位幾貽宗社之禍　按貞觀十一年書武氏爲才人分注年十四距太宗之終又十有三年則武氏葢十三年在宮中侍太宗矣當高宗爲太子入侍之時見而悅之已有無父淫烝之意若以春秋誅心之法論之其去楊廣僅一間耳

夏閏四月帝在萬年宮夜大水

夜大雨水衝玄武門上遽出乘高俄而水入寢殿漂溺三千餘人

六月恒州大水漂溺五千餘家

冬十月築長安外郭

大稔

柳奭罷

以長孫無忌子三人爲朝散大夫

乙卯 六年

夏五月以韓瑗爲侍中來濟爲中書令

秋七月

九月貶褚遂良爲潭州都督

冬十月廢皇后王氏爲庶人立昭儀武氏爲皇后以諫武氏之不可爲后也

以中書侍郎李義府參知政事已知其主廢立之謀矣

遣屯衛大將軍程知節討沙鉢羅

以李義府爲中書侍郎義府表請立武昭儀也義府瀛州人

丙辰 顯慶元年

春正月以太子忠爲梁王

立代王弘爲皇太子

弘武后所生四年矣初許敬宗奏曰東宮所出本微今知國家有正嫡必不自安恐非國家之福於是遂廢忠而立弘

二月

夏六月詔以高祖配昊天於圜丘太宗配五帝於明堂

秋九月括州暴風海溢今處州府地

冬十二月

廢太子忠爲梁王		
	贈武士彠爲司徒賜爵周國公	程知節討沙鉢羅不克免官

丁巳　二年

夏五月帝始隔日視事

秋八月貶韓瑗來濟褚遂良皆爲遠州刺史

因許敬宗李義府誣瑗等潛謀不軌貶瑗振州濟台州遂良愛州瓊象州　愛州在外夷安南國境內屬清化府未詳沿革

以許敬宗爲侍中杜正倫爲中書令

詔廢六天之祀合方邱神州爲一祭

冬十二月

以洛陽宮爲東都

武氏忌王蕭之死不居京師故高帝崇飾別都以處之

蘇方定擊沙鉢羅獲之

分沙鉢羅立興昔亡繼往絕二可汗

戊午 三年

冬十一月以許敬宗爲中書辛茂將爲侍中

鄂公尉遲敬德卒諡忠武

愛州刺史褚遂良卒幸其不與後四年七月之詔也

己未 四年

夏四月以于志寧同三品

許圉師參知政事師安州安陸人紹之子

削太尉趙公長孫無忌官封黔州安置許敬宗迎武氏之意以誣陷之也

尉遲敬德卒

褚遂良卒

	秋七月殺長孫無忌韓瑗柳奭瑗三原人仲良之子		
庚申	五年 秋七月 冬十月初令皇后決百司奏事	廢梁王忠爲庶人	
辛酉	龍朔元年 夏六月	徙潞王賢爲沛王	
壬戌	二年 春三月 夏五月以許圉師爲左相 秋八月以許敬宗同三品 冬十月以上官儀同三品		鄭仁泰等敗鐵勒於天山鐵勒降

許圉師罷

十二月

鄖海總管蘇海政矯詔殺興昔亡可汗

癸亥 三年

春正月以李義府爲右相

夏四月除名流巂州 朝野稱慶

蓬萊宮成 即大明宮也

甲子 麟德元年

春正月

秋八月以劉祥道竇德玄爲左右相

冬十二月殺同三品上官儀

殷王旭輪爲單于大都護 殷王皇子也

郇公孝協坐贓賜死 叔良之子

梁王忠賜死

劉祥道罷

乙丑 二年

夏四月以陸敦信爲右相

冬十月車駕發東都十二月至泰山

丙寅 乾封元年

春正月封泰山禪社首

車駕還過曲阜祠孔子

至亳州尊老君爲太上玄元皇帝

夏四月車駕還京師

秋七月以劉仁軌爲右相

竇德玄卒

皇后殺其從兄武惟良

九月

李義府卒

竇德玄卒

劉祥道卒

年	紀事		兵事
	冬十二月		以李勣爲遼東大總管伐高麗
丁卯	二年 春正月耕籍田 秋九月		李勣拔高麗十七城
戊辰	總章元年 秋九月 冬十二月以姜恪閻立本爲左右相		李勣拔平壤高麗王藏降高麗悉平
己巳	二年 秋九月大風海溢（漂溺六千餘家 武氏入宮水隨之入宮以來大水二海溢二陰盛之徵也） 冬十一月		李勣卒

庚午	咸亨元年 春三月 秋閏九月		許敬宗致仕後二年卒 加贈武士彠爲太原王夫人爲妃	
辛未	二年			
壬申	三年 春二月		姜恪卒	
癸酉	四年 春三月詔劉仁軌修改國史以許敬宗所記多不實也 秋七月婺州大水 冬十月 十二月		閻立本卒	弓月疎勒來降

御批

弘之奏請義陽宣城二公主出降之仁厚洵至意第方母后遑志宜曲

甲戌 上元元年

春三月

秋八月帝稱天皇后稱天后

以武承嗣爲周國公 武后兄之子也

九月天后表十二條詔行之

追復長孫無忌官爵

乙亥 二年

春二月

雞林道大總管劉仁軌討新羅大破之

夏四月

太子弘薨諡孝敬皇帝

立雍王賢爲太子

李泌嘗言武后欲謀篡國酖太子弘通鑑亦云時人以爲天后酖之

爲感悟徐傒轉移徑上聞于君父致觸母后之怒亦有自取之咎云

	秋七月 八月以戴至德劉仁軌爲左右僕射張文瓘爲侍中郝處俊爲中書令	杞王上金澧州安置 上金高宗子		
丙子	儀鳳元年 秋九月 冬十月祫享太廟 用博士史璨議禘後三年而祫祫後二年而禘	鄅王素節袁州安置 素節蕭淑妃之子	狄仁傑爲侍御史	
丁丑	二年 春正月耕籍田 二月 秋八月	徙周王顯爲英王 更名哲即中宗也		以高藏爲朝鮮王扶餘降爲帶方王

戊寅 三年

春正月百官四夷朝天后於光順門（元旦百官朝后始此）

己卯 調露元年

春正月幸東都司農卿韋弘機免

二月

夏四月命太子賢監國

六月

韋弘機免（機造上陽等宮太奢狄仁傑劾之）

吐蕃贊普死子器弩悉弄立

遣裴行儉立波斯王行儉襲執阿史那都支以歸

庚辰 永隆元年

春三月

秋八月廢太子賢爲庶人

立英王哲爲皇太子

賢聞宮中竊議以賢爲武氏姊韓國夫人生內自疑懼方士明崇儼爲天后所信嘗密稱太子不堪承繼英王貌似太宗會崇儼爲人所殺天后疑太子所爲遂使人伺其事於馬坊得皂甲數百領以爲反具遂廢爲庶人上欲宥之不可得 按弘賢皆武氏所出始焉溺殺其女以陷王后繼焉廢殺二子以逞其欲婦人之陰險可畏未有若是之甚者

以裴行儉爲定襄道大總管討突厥平之

郝都支西突厥部落

辛巳 開耀元年

春正月宴百官及命婦于
麟德殿
三月以劉仁軌爲太子少
傅
秋七月
紹母太宗女城陽公主也
冬十月徙故太子賢於巴
州

壬午
永淳元年
春正月立皇孫重照爲皇
太孫
未有太子在而立太孫者也
夏四月關中饑
上幸東都
聞喜公裴行儉卒謚曰

太平公主適薛紹

裴行儉卒

安西都護王方翼破

憲

秋七月作奉天宮 宮在嵩山之南

冬十月以劉景先同平章事

癸未 弘道元年

冬十一月詔太子監國以裴炎劉景先郭正一兼東宮平章事

十二月帝崩太子卽位尊天后爲皇太后 上疾詔裴炎入受遺詔而崩遺詔太子卽位軍國大事有不決者兼取天后進止中宗卽位尊天后爲皇太后政事

零陵王明自殺 曹王明以太子賢黨降封零陵王黔州安置至是都督謝祐希天后意逼使自殺

以婁師德爲河源軍經略副使

西突厥平之

突厥骨篤祿寇幷州薛仁貴大破之

咸決取焉

唐中宗皇帝

名哲高宗子既立爲武后所廢復辟共前後在位二十六年壽五十五歲

甲申 嗣聖元年

二月睿宗文明元年九月太后光宅元年不紀光宅黜武氏也曷爲不以文明大書不與武氏之得廢立也故從唐鑑以嗣聖紀年

昔范公祖禹脩通鑑分職唐史著爲唐鑑一書取法春秋黜武氏之號繫嗣聖之年而通鑑則本之唐史列武氏於本紀卽以光宅紀元自後盡用武氏之號今綱目止以嗣聖紀年終武氏世是雖與范氏相出入要亦求其是而已夫中宗國之正統武氏無故廢之甚至革命易姓無異莽操所爲然天下猶唐之天下武氏安得而絕之綱目繫嗣聖而絕光宅所以扶三綱立人極示天下以正大之義使後世賊亂之徒無以自立於天下爾或曰呂后制朝何不繫惠帝之年曰惠帝既沒固無年之可紀況呂后又

唐中宗嗣聖元年

春正月立妃韋氏爲皇后

二月太后武氏廢帝爲廬陵王立豫王旦

中宗欲以后父韋元貞爲侍中裴炎固爭中宗怒曰我以天下與韋元貞有何不可而惜侍中耶裴炎懼白太后密謀廢立太后集百官乾元殿勒兵宣令廢中宗爲廬陵王中宗曰我何罪太后曰汝欲以天下與韋元貞何得無罪乃幽於別所立豫王旦爲皇帝妃劉氏爲皇后永平王成器爲太子廢太孫重照爲庶人改元文明

武氏始御紫宸殿

三月武氏殺故太子賢

夏四月武氏遷帝於房州

取他人子名爲惠帝子而立之故綱目但以兩行分注紀呂氏之年已足見其非正統之意固不得與中宗尚在者比而得以繫嗣聖之號也

又遷於均州

閏五月以武承嗣同三品

秋七月溫州大水

八月葬乾陵在西安府乾州西北五里梁山與武后合葬

括州大水

九月武氏改元光宅及服色

官名

立武氏七廟

英公李敬業起兵揚州

武氏遣李孝逸擊之李

敬業取潤州孝逸擊殺

之

殺侍中裴炎

乙酉　二年武氏垂拱元年

春正月帝在均州

每歲首書帝所在存正統也

夏六月武氏遷帝於房州

秋七月

丙戌 三年 武氏垂拱二年

春正月帝在房州

武氏歸政於豫王旦尋復稱制

武氏詔復政事於皇帝睿宗知非誠心奉表固讓武氏復臨朝稱制

夏四月鑄太儀

六月以蘇良嗣韋待價爲左右相

以僧懷義爲白馬寺主

以阿史那元慶爲興昔亡可汗

秋九月有山出於新豐

武氏改新豐爲慶山縣山在西安臨潼縣東南三十五里因風雷湧出初高六尺餘漸至二百餘尺

以狄仁傑爲冬官侍郎

狄仁傑爲侍郎

以突厥斛瑟羅爲繼往絶可汗

丁亥

四年 垂拱三年

春正月帝在房州

秋九月虢州人楊初成矯制募人迎帝於房州武氏殺之

戊子

五年 垂拱四年

春正月帝在房州

二月毀乾元殿作明堂

夏五月武氏加號聖母神皇

六月河南巡撫太使狄仁傑奏焚淫祠

秋八月琅琊王沖越王貞舉兵匡復不克而死武氏遂大殺唐宗室

九月武氏以騫味道王本立同平章事

十二月武氏拜洛受圖

己丑 六年 武氏永昌元年

春正月帝在房州

武氏大饗萬象神宮

武氏服衮冕搢大圭執鎮圭為初獻皇帝為亞獻太子為終獻周國先王亦與饗焉禮畢御門大赦又尊周忠孝王為太皇妣為太后墓曰昊陵順陵

琅琊王沖越王貞舉兵匡復不克而死

沖卽貞之子也時霍王元軌韓王元嘉魯王靈夔元嘉子黃公譔元軌子江都王緒虢王鳳子東莞公融及常樂公主皆為太后所殺

夏四月

秋七月

九月

閏月武氏殺同平章事魏玄同

冬十月

十一月武氏享萬象神宮始用周正周士龔始封國也

武氏自名曌改詔曰制

除唐宗室屬籍從周興之請也

殺汝南王煒鄱陽公諲等十二人及天官侍郎鄭玄挺

徙紀王慎於巴州道卒

以僧懷義爲新平道大總管討突厥

殺鄭王璥等六人

庚寅 七年武氏天授元年

春正月帝在房州

以武承嗣爲左相

二月策貢士於洛城殿殿試自此始

秋七月

九月武氏改國號曰周稱皇帝以豫王旦爲嗣改姓武氏

流舒王元名於和州殺澤王上金許王素節

殺南安王穎等十二人及故太子賢二子

按武氏臨朝簒位也改李爲武簒唐也而綱目終武氏世總以中宗嗣聖紀年者存正統扶大義也如紀事各冠以太后是予武氏之簒廢也然猶不失唐之爲唐也嗣聖七年以後武氏革命凡事冠以周字是天下幾不

爲唐有也而中宗嗣聖之號又何以書惟七年以前歲首及異事只冠以武氏削去太后七年以後照新莽例但斥以曌不必冠以周既足誅其篡竊之罪亦不與其廢立之非而與中宗嗣聖之書庶不相戾矣

冬十月以徐有功爲侍御史

按綱目名號例曰篡賊曰某據王莽改國號曰新綱目每書但冠以莽字未嘗冠以新字此處直書曌不必書周庶合朱子立例之意且無唐經亂周紀之失也

十一月曌易服色改置社稷宗廟

辛卯 八年 武曌天授二年

春正月帝在房州

二月曌流其右丞周興於嶺南

西突厥入居內地

西突厥自垂拱以來爲東突厥侵掠始盡繼往絕可汗斛瑟羅收其餘衆入居內地武氏以爲竭忠事主可汗

秋七月徙關內戶數十萬實洛陽

八月

改義豐王光順等姓武氏幽之宮中光順太子賢之子也與弟守禮守義及睿宗諸子皆幽閉宮中不出門庭者十餘年

九月狄仁傑同平章事

曌殺其同平章事格輔元右相岑長倩納言歐陽通

壬辰

九年 武曌如意初年再改長壽

春正月帝在房州

秋七月左相武承嗣罷以李昭德同平章事

九月曌更以九月爲社

冬十月曌殺豫王妃劉氏

癸巳 十年 武曌長壽二年

春正月帝在房州

曌以婁師德同平章事

夏五月棣州河溢流二千餘家

武曌自號金輪聖神皇帝

突厥可汗骨篤祿死子幼弟默啜立

甲午 十一年 武曌延載初年

春正月帝在房州

夏五月武曌加越古之號

秋九月

冬十一月武曌加慈氏之號

貶李昭德為南賓尉

乙未 十二年 武曌天冊萬歲初年

春正月帝在房州

夏四月曌鑄天樞成

武三思請鑄銅鐵爲天樞刻太后功德立於端門之外高一百五十尺徑十二尺武三思爲文武曌自書其榜曰大周萬國頌德天樞

秋九月武曌自號天冊金輪皇帝

冬十月

十二月武曌封嵩山禪少室

丙申十三年 武曌萬歲通天初年

春正月帝在房州

冬十月以姚元崇爲夏官侍郎

安平王武攸緒棄官隱嵩山

姚元崇爲夏官侍郎

突厥默啜遣使請降

以徐有功爲殿中侍御史

十一月
曌以張昌宗爲散騎常侍張易之爲司衛少卿
昌宗易之年少美姿容太平公主薦之入侍禁中皆得幸於太后常傅朱粉衣錦繡賞賜不可勝紀謂易之爲五郎昌宗爲六郎

丁酉
十四年 武曌神功初年
春正月帝在房州
三月
夏四月曌鑄九鼎
九州鼎也各圖山川物產於其上
鑄太儀矣鑄天樞矣於是又鑄九鼎焉泰已甚矣

徐有功爲殿中侍御史

殺箕州刺史劉思禮等三十六家流其親屬千餘人
吉頊以思禮謀反告來俊臣使上變告之武氏使武懿宗推之懿宗使思禮廣引朝士許免其死於是思禮引李元素孫元亨三十六家皆海內名士咸族誅之

立突厥默啜爲可汗

六月

冬閏十月復以狄仁傑同平章事

來俊臣伏誅

戊戌十五年 武曌聖曆初年

春三月帝還東都

曌欲立武三思爲太子狄仁傑曰姑姪與母子孰親曌稍悟遂勸還盧陵王

秋八月

以狄仁傑兼納言

九月武曌以帝爲皇太子

河北道元帥狄仁傑副之以討默啜

皇嗣固請遜位于盧陵王武許之立爲太子復名顯賜姓武氏命太子爲河北道元帥以討默啜

冬十月以狄仁傑爲河北道安撫大使

以姚元崇同平章事

十一月以豫王旦爲相王

曌置控鶴監 控鶴監率皆嬖寵之人

十二月以魏元忠同平章事

己亥 十六年 武曌聖曆二年

春正月帝在東宮

二月

帝及武攸暨等誓於明堂 曌恐身後與諸武不相容也

吐蕃贊婆弓仁來降

御批
仁傑在
當時爲
諸臣第
一武后

秋八月納言婁師德卒

庚子
十七年 武曌久視初年

春正月帝在東宮

夏六月曌以張易之爲奉宸令

曌改控鶴監爲奉宸府以易之爲令取其便於嘲謔也又命與李嶠等修三教珠英以掩其迹

司空梁文惠公狄仁傑卒

婁師德卒

按武氏之亂仕于其朝者皆僞官也然能引薦忠賢卒成匡復之功者惟狄仁傑一人耳然而薦仁傑者婁師德也况師德寛厚清愼盛德長者卒諡曰貞非虛美也

狄仁傑卒

狄仁傑仕僞周爲內史曲盡忠誠迎中宗還宮反正唐室卒于周中宗復位贈司空睿宗追封梁公

突厥默啜以其子匐俱爲小可汗

亦以第一流目之人臣特患不能竭忠為國爾若果盡誠無二不以身家為念雖當艱危之際亦可深蒙主眷況朝廷清明乎

冬十月復以正月為歲首

武氏自六年十一月始用周正改十一月為正月十二月為臘月正月為一月至是凡十二年間前史皆從其說每歲十一月書於歲首以為正月繼書臘月一月而綱目止用夏正初未嘗為之改易今此雖書周復以正月為歲首其實歲首固已自用正月不待是年而後復此皆斥絕武塁不予其改易唐家之正朔也

以韋安石同平章事

辛丑

十八年 武塁大足初年又改長安

春正月帝在東宮

夏六月以李迥秀同平章事

冬十一月

以崔玄暐為天官侍郎

壬寅　十九年　武曌長安二年

春正月帝在東宮

秋八月曌賜張昌宗爵鄴國公

九月朔日食不盡如鈎

冬十二月

以郭元振爲涼州都督

曌以張嘉貞爲監察御史

癸卯　二十年　武曌長安三年

春正月帝在東宮

三月朔日食

秋九月朔日食既

呂后末年日食既未幾而卒武氏至是日食再既明年亦

吐蕃贊普器弩悉弄死于軍中諸子爭立久之國人立其子棄

卒

曌貶魏元忠爲高要尉

流張說于嶺南

甲辰 二十有一年 武曌長安四年

春正月帝在東宮

曌作興泰宮 從武三思之議也

夏四月以崔玄暐同平章事以姚元崇爲春官尙書

秋九月以姚元之爲靈武道安撫大使 時突厥叱利元崇反武氏命姚元崇以字行

冬十月以張柬之同平章

隸蹜贊

曌以阿史那懷道爲西突厥十姓可汗

事

十二月

乙巳 神龍元年

春正月張柬之等舉兵討武氏之亂張易之昌宗伏誅帝復位大赦

太后疾甚惟易之昌宗居中用事張柬之崔玄暐等謀誅之俄而姚元之自靈武至都柬之遂以其謀告之時太子于北門起居桓彥範敬暉謁見密陳其策太子許之柬之等帥羽林兵五百餘至玄武門遣李多祚李湛等詣東宮迎太子斬關而入斬易之昌宗于廡下進至太后所寢長生殿太后驚起問曰亂者誰邪多祚等對曰願陛下傳位于太子以順天人之望于是收張昌宗等皆斬之遂以太

周張昌宗下獄既而赦之

后制命太子監國遣使宣諭諸州明日太后傳位于太子中宗復位大赦

遷太后于上陽宮尊號曰則天大聖皇帝

至是又復其號曰太后曰皇帝者非唐朝之君臣也

以張柬之袁恕己同三品崔玄暐爲內史敬暉桓彥範爲納言李多祚等進官賜爵有差

二月復國號曰唐

改唐爲周特見于稱呼施之文移耳人心天意之在唐者固未嘗有渝也武氏一旦去位則唐之社稷固自如也又何俟于復哉革去周號唐斯在矣

復立韋氏爲后贈后父

貶譙王重福爲均州刺史

重福上之庶子也韋后所惡故貶之

元貞上洛王

初帝在房州韋后與同幽閉至是韋后預政如武后在高宗時

以武三思爲司空

中宗初政卽以贈后父爲王武三思爲司空其禍根已成矣

三月徵武攸緒爲太子賓客

旋請還山許之

夏五月還周廟主于西京仍避其諱

賜敬暉等五人王爵罷其政事

皇后表請改易制度從

敬暉爲平陽王桓彥範爲扶陽王張柬之爲漢陽王袁恕己爲南陽王崔玄暐爲博陵王

之

秋七月河南北十七州大水制求直言

九月改葬上洛王韋元貞

冬十一月羣臣上皇帝皇后尊號

上御樓觀潑寒胡戲

皇太后武氏崩年八十二歲崩于上陽宮遺制去帝號赦王蕭二族及褚遂良韓瑗柳奭親屬

戶部奏是歲天下戶口之數戶六百一十五萬口三千七百一十四萬有奇

丙午

二年

春正月制太平安樂公主各開府置官屬

二月置十道巡察使

夏四月殺處士韋月將以尹思貞宋璟爲刺史

以月將上書告武三思之潛通宮掖也

五月葬則天皇后于乾陵

乾陵高宗之墓

六月貶敬暉桓彥範張柬之袁恕己崔玄暐爲遠州司馬

秋七月立衛王重俊爲皇太子

太子性明果而官屬所爲多不法

太平安樂公主各開府置官屬

敬暉桓彥範張柬之袁恕己崔玄暐爲武三思所殺

二張既除三思不誅以五王不知大義失於處斷以至於此

冬十月車駕還西京

十二月

突厥默啜寇鳴沙

丁未 景龍元年

吐蕃遣使入貢

春三月

夏六月朔日食

秋七月太子重俊起兵討武三思武崇訓兵潰而死

帝后並加尊號

貶魏元忠爲務川尉道卒

冬十二月朔日食

戊申 二年

秋七月始用斜封墨敕除

官 安樂長寧公主上官婕妤降墨勅除官斜封付中書時人謂之斜封官

冬十一月徵武攸緒入朝

以婕妤上官氏爲昭容

己酉 三年

春正月帝幸玄武門觀宮女拔河

秋七月

冬十一月祀南郊

庚戌 四年 睿宗皇帝景雲元年

春正月帝觀燈于市里

帝御梨園

安樂公主適武延秀 延秀崇訓之弟崇訓死公主悅延秀而適之

牛師獎與突騎施娑葛戰敗沒遂赦娑葛立爲可汗

突騎施娑葛遣使請降 賜名守忠

夏四月幸隆慶池相王子五王列第于池北望氣者言常鬱鬱有帝王氣比日尤盛上幸池宴侍臣以厭之

六月皇后韋氏弒帝于神龍殿以裴談張錫同三品張嘉福岑羲崔湜同平章事立溫王重茂初燕欽融上言皇后淫亂干預國政宗楚客圖危社稷上面詰之欽融抗言不撓楚客矯制撲殺之上意怏怏由是后及其黨始懼馬秦客楊均皆幸于后恐事洩安樂公主亦欲后臨朝以己為皇太女乃相與合謀于餅餤中進毒中宗崩○按觀中宗韋氏神龍之所為設當日不被武后之廢則天下縱不為周亦未必為唐有也

臨淄王隆基起兵討韋

氏幷其黨皆伏誅隆基爲平王以鍾紹京劉幽求參知機務李日知同三品蕭至忠等貶官有差

臨淄王隆基相王子罷淄州別駕在京師陰聚才勇之士密謀匡復

相王旦卽帝位廢重茂爲溫王

劉幽求言于隆基請相王早卽位以鎮天下遂以少帝制傳位相王

立平王隆基爲皇太子

睿宗卽位欲立太子以宋王成器嫡長平王隆基有功疑不能決成器辭曰國家安則先嫡長危則先有功臣死不

唐睿宗景雲元年

追削武三思等爵謚暴其尸

敢居平王之上上從之立隆基爲太子

以薛稷參知機務

以姚元之同三品

加太平公主實封萬戶

贈燕欽融諫議大夫

秋七月贈韋月將宣州刺史追復故太子重俊位號及敬暉五人官爵

以宋璟同三品

追廢韋后安樂公主爲庶人

八月罷斜封官

所罷數千人用姚元之宋璟及御史大夫畢構之言也

冬十月

譙王重福反伏誅

以薛訥爲幽州經略

十一月以姚元之爲中書令

葬定陵（在西安府富平縣西北）

十二月以西城隆昌二公主爲女官（公主爲女官終綱目一書而已○官或作冠謂女爲道家者流）

以宋璟爲吏部尚書姚元之爲兵部尚書

辛亥 睿宗皇帝景雲二年

春正月以郭元振張說同平章事

二月命太子監國以宋王

西城隆昌二公主爲女官	
許公蘇瓌卒	節度大使（節度之名始此○訥絳州龍門人仁貴之子）
突厥默啜遣使請和	

成器爲同州刺史豳王守禮爲豳州刺史太平公主蒲州安置此姚元之宋璟以太平公主有欲危太子之謀故請命太子監國出二王刺史公主安置蒲州

復斜封官從太平公主之誣也

貶姚元之爲申州刺史宋璟爲楚州刺史寢二王刺史之命公主聞姚宋之謀大怒以讓太子太子懼奏二人離間姑兄故有是命

夏四月制政事皆取太子處分

太平公主安置蒲州

五月召太平公主還京師

六月置十道按察使

秋七月追復上官氏爲昭容

冬十一月召司馬承禎至京師尋許還山

太平公主還京師	

壬子 太極元年 玄宗皇帝先天元年

春正月祀南郊

夏五月祭北郊

秋七月彗星出西方入太微以竇懷貞爲左僕射平章軍國重事

八月帝傳位于太子太子卽位尊帝爲太上皇

按睿宗之于中宗未有以甚相遠也自景雲二年以來綱

	竇懷貞爲左僕射

目所書二十二事爲公主而設者十有二焉朝廷大政惟公主是從使非早授大位其不爲中宗者幾希矣

立妃王氏爲皇后

九月朔日食

冬十月

玄宗明皇帝

名隆基睿宗子在位四十四年壽七十八歲

癸丑開元元年

春正月以蕭至忠爲中書令

二月御樓觀燈大酺

夏五月罷修大明宮

沙陁金山遣使入貢

以高麗大祚榮爲渤海郡王

大祚榮姓大氏本粟靺鞨附高麗者

六月以郭元振同三品

秋七月太平公主謀逆賜死蕭至忠岑羲竇懷貞崔湜伏誅

以高力士爲右監門將軍知內侍省事

以張說爲中書令

八月以劉幽求爲左僕射平章軍國大事

九月罷諸道按察使

冬十月講武于驪山

以姚元之同三品

十一月羣臣請加尊號

太平公主賜死

蕭至忠岑羲竇懷貞崔湜伏誅

高力士爲將軍知內侍省事

宦官之盛自此始○按宦官用權莫盛於唐尊爲上皇以兵劫之貴爲天子以父呼之甚至弒君弒后豈特與政而已哉追原其自始於高力士盛於李輔國而極於劉季連皆由諸帝狎近便嬖授以國命而不可奪此非用權者之過用之以權者之過也

十二月改官名 僕射爲丞相中書爲紫微省長史爲尹司馬爲少尹

以姚崇爲紫微令張說爲相州刺史 元之避開元尊號復名崇

劉幽求罷以盧懷慎同平章事

甲寅 二年

春正月置左右教坊

沙汰僧尼

三月朔太史奏日食不應 姚崇表賀姚崇之諛也

復置十道按察使

毀天樞

夏六月以宋王成器等爲

宋王成器領岐州申

黜涪州刺史周利貞等十三人 以利貞等天后時酷吏也

諸州刺史

秋七月焚珠玉錦繡于殿前

襄王重茂薨于房州謚曰殤皇帝

作興慶宮

八月出宮人

以武后鼎銘頒示中外武后鼎銘有云上天降鑒方建隆基薛謙光以爲上受命之符獻之姚崇表賀亦諛也

敕諸州修常平倉法

冬十二月以子嗣真爲鄫王立嗣謙爲皇太子

王成義領豳州二王上之兄也岐王範領濟州薛王業領同州二王上之弟也豳王守禮領虢州上之從兄也

長子嗣真劉妃所出次嗣謙趙妃所出趙妃以倡進

乙卯 三年

秋七月朔日食

九月置侍讀官 侍讀之名始于此

冬十二月

柳州刺史劉幽求卒

丙辰 四年

春正月

夏六月太上皇崩

秋八月還中宗于別廟 以太廟七室已滿遷中宗主于別廟奉睿宗神主祔太廟

以郯王嗣真爲安北大都護陝王嗣昇爲安西大都護 二王皆不出閤諸王遙領節度自此始

劉幽求卒

西域八國請降

以突騎施部將蘇祿爲金方道經略大使

拔曳固斬突厥默啜以降

突厥降戶叛薛訥等追討之

冬十月葬橋陵在西安府蒲城縣豐山
以源乾曜同平章事
十二月以宋璟爲西京留守
閏月姚崇源乾曜罷以宋璟爲黃門監蘇頲同平章事
罷十道按察使

丁巳五年
春正月太廟四室壞行幸東都
秋七月
九月令史官隨宰相入侍羣臣對仗奏事
冬十二月詔訪逸書

唐玄宗開元五年

以張嘉貞爲天兵軍大使

謫孫平子爲都城尉以諫遷中宗主也可惜○平子伊闕人

戊午 六年	春正月徵嵩山處士盧鴻鴻幽州人爲諫議大夫不受 冬十一月帝還西京			吐蕃請和
己未 七年	夏五月朔日食 秋九月	徙宋王憲爲寧王憲成器改名也		以突騎施蘇祿爲忠順可汗
庚申 八年	春正月宋璟蘇頲罷 以源乾曜張嘉貞同平章事 夏五月復置十道按察使 以源乾曜爲侍中張嘉			

貞爲中書令
六月瀍穀溢

辛酉 九年
春二月
秋七月
九月朔日食
梁公姚崇卒
以張說同三品
冬十一月罷諸王都督刺史召還

壬戌 十年
春正月幸東都
夏五月伊汝水溢

姚崇卒 謚文獻
安州別駕劉子玄卒 表良史也子玄即知幾字

朔方大使王晙誘殺突厥降戶僕固勺磨
突厥遣使求和
蘭池州胡康待賓反王晙等擒斬之
康待賓餘黨復叛 康願子反自稱可汗

六月制增太廟爲九室

秋 遷中宗還太廟

冬十二月

癸亥 十有一年

春正月帝北巡以幷州爲太原府置北都

二月祭后土於汾陰

三月帝至西京

秋八月尊獻祖懿祖祔于太廟 宣帝爲獻祖光帝爲懿祖

甲子 十有二年

春三月

永穆公主適王鈞

張說巡邊討康待賓餘黨平之奏罷邊兵二十萬人

以杜暹爲安西副大

夏五月停按察使

自景雲二年至是十四年凡三置三罷及三年而復置政令之不一甚矣

秋七月廢皇后王氏

以后無子后兄守一爲后祈祭也

冬十一月帝如東都

乙丑十有三年

春三月

夏四月更集仙殿爲集賢殿

秋九月禁奏祥瑞

冬十月作水運渾天成

十一月封泰山

車駕還幸孔子宅

使

以楊思勗爲輔國大將軍

禁錮酷吏來俊臣子孫

以王毛仲爲開府儀同三司

王毛仲爲閑廄使

書幸誠不足也

至宋州

十二月帝還東都

大有年

善於其職馬蕃加倍故加之

丙寅

十有四年

春正月命張說修五禮

夏四月以李元紘同平章事

五月戶部奏今歲戶口之數

戶七百六萬九千五百六十五口四千一百四十一萬九千七百一十二

秋七月河南北大水

八月以杜暹同平章事

冬十月

岐王範卒贈謚惠文太子

黑水靺鞨遣使入見

丁卯 十有五年

夏五月作十王宅百孫院

秋七月許公蘇頲卒

九月

冬十月帝還西京

蘇頲卒諡文憲

突厥遣使入貢

戊辰 十有六年

春二月以張說兼集賢院學士

冬十一月以蕭嵩同平章事

己巳 十有七年

春三月限明經進士每歲毋過百人

夏四月禘于太廟

五月杜暹李元紘源乾曜

罷以宇文融裴光庭同平章事蕭嵩兼中書令 秋八月以帝生日爲千秋節 冬十月朔日食	庚午 十有八年 夏四月築西京外郭 以裴光庭兼吏部尚書 六月洛水溢 冬十月	辛未 十有九年 春正月以詩書賜吐蕃
	以忠王浚領河北道行軍元帥帥十八總管討奚契丹（浚即陝王嗣昇也更封改名）	
工部尚書張嘉貞卒		王毛仲賜死
	吐蕃遣使入貢	

上躬耕于興慶宮側盡三百步
三月置太公廟
冬十二月幸東都

壬申 二十年
春正月
二月朔日食
秋八月朔日食
冬十一月祀后土于汾陰
十二月還西京

遣信安王禕擊奚契丹大破之

癸酉 二十有一年
春三月以韓休同平章事
秋七月朔日食
冬十月左丞相宋璟致仕

裴光庭卒

韓休罷

歸東都

以裴耀卿同平章事起復張九齡同平章事時九齡居母喪自韶州入見求終喪不許

分天下為十五道置采訪使

甲戌 二十有二年

春正月幸東都

二月秦州地震壓死四千餘人

夏五月以裴耀卿為侍中張九齡為中書令李林甫同三品

上芟麥于苑中

以方士張果為銀青光祿大夫果自言有神仙術堯時為侍中多往來恆山中帝迎入禁中號通玄先生厚賜還山後卒○按堯時未聞有侍中之官使果為之

冬十二月朔日食

豈歷虞夏商周路無所聞耶况未幾而遂死乎

幽州節度使張守珪斬契丹王屈烈及可突干

突厥毗伽可汗爲其大臣梅錄啜毒死其子登利可汗立

乙亥 二十有三年

春正月帝耕籍田御樓酺宴

秋七月

冬閏十月朔日食

十二月冊壽王妃楊氏

楊妃容州普寧縣雲淩里人父維母葉氏生妃有異質都

加咸宜公主實封千戶

公主武惠妃女

部署楊康求爲女時楊玄琰爲長史又從康求爲女擕入京師進壽王宮

丙子

二十有四年

春二月皇太子更名瑛

諸皇子皆更名忠王浚改曰璵

秋八月張九齡上千秋金鑑錄

冬十月帝還西京

十一月裴耀卿張九齡罷爲左右丞相以李林甫兼中書令牛仙客同三品

賜朔方節度使牛仙客爵隴西縣公

丁丑

二十有五年

春二月立明經問義進士

試經法

夏四月殺監察御史周子諒貶張九齡爲荊州刺史

以子諒彈牛仙客非相才也子諒乃九齡所薦故貶之

廢太子瑛鄂王瑤光王琚而殺之

隋文用楊素而黜太子勇然猶未至殺之也玄宗用林甫而廢太子瑛又併瑤琚無罪而殺之其惡甚矣

秋七月大理寺奏有鵲來巢

賜李林甫爵晉國公牛仙客豳國公

行和糴法停江淮運

冬十月開府儀同三司廣平公宋璟卒

宋璟卒

謚文貞

十二月惠妃武氏薨追諡貞順皇后 后攸止之女也

戊寅 二十有六年
春正月令天下州縣里皆置學
夏六月立忠王璵爲皇太子改名亨
秋九月朔日食
冬十月作行宮于兩都間 凡千餘間

突騎施殺其蘇禄可汗立其骨啜爲吐火仙可汗 蘇禄爲酋長莫賀達干所殺

冊南詔皮羅閣爲歸義王 南詔之先本哀牢夷地蠻語謂王曰詔有六詔蒙舍最在南故謂之南詔

己卯 二十有七年

秋八月追諡孔子爲文宣王

磧西節度使蓋嘉運擊突騎施擒其骨啜可汗

庚辰 二十有八年

春正月荊州長史張九齡卒 諡文獻

三月朔日食

冬十一月是歲戶口之數 戶八百四十一萬二千八百口四千八百一十四萬三千六百西京東都米斛直錢不滿三百絹匹亦如之海內富安行者萬里不持寸兵

張九齡卒 上雖以九齡忤旨逐之然愛重其人每宰相薦士輒問曰風度得如九齡不乎

以阿史那析爲十姓可汗

立莫賀達干爲突騎施可汗

辛巳 二十有九年

春正月立賑饑法

夏閏四月得玄元皇帝像

上夢玄元皇帝云吾像在京城西南百餘里遣使求得之于盩厔迎置興慶宮○按高宗誕慢荒忽既夢老君之像遣使求之正使無有而使者亦必附會來上妖由人興未幾而田同秀寳符之事夫豈無自而來哉

秋七月洛水溢

八月

冬十一月太尉寧王薨追謚曰讓皇帝

帝以寧王讓天下視爲唐之泰伯故謚曰讓皇帝其子汝陽王璡表述先志固辭不許

以安祿山爲營州都督

突厥殺其登利可汗骨咄葉護自立爲可汗

壬午 天寶元年

春正月羣臣請加尊號 陳王府參軍田同秀言玄元皇帝告以藏靈符在尹喜故宅上遣使求得之羣臣上表以寶符潛應年號請于尊號上加天寶二字從之

二月享玄元皇帝于新廟越三日享太廟越二日合祀天地于南郊

秋七月朔日食

牛仙客卒以李適之爲左相

以安祿山爲平盧節度使

牛仙客卒

突厥阿布思來降

癸未 二年

春正月

三月追尊周上御大夫爲

安祿山入朝

先天太皇皐繇爲德明皇帝

甲申 三載

春正月改年曰載

二月

以安祿山兼范陽節度使

夏五月

河西軍擊突騎施斬莫賀達干更立骨咄祿爲可汗

秋

突厥亂冊回紇骨力裴羅爲懷仁可汗

乙酉 四載

春正月帝聞空中神語

讖自欺也求神仙自秦皇漢武始然皆爲人所欺耳如帝此言乃自欺也繼是而有妙寶真符之得自欺者人亦欺

回紇懷仁可汗死子磨延啜立號葛勒可汗

之

秋七月冊壽王妃韋氏

八月以楊太真爲貴妃

初惠妃薨後宮無當意者或言壽王妃楊氏之美上見而悅之乃令妃自以其意乞爲女官號太真更爲壽王娶郎將韋昭訓女潛納太真宮中號曰娘子凡儀禮皆如皇后至是冊爲貴妃〇按二十三年書冊壽王妃楊氏則楊氏爲壽王之偶已非一日矣明皇奪而有之三綱紊亂天理滅絕夫納伋之妻作新臺于河上而要之是伋妻猶未至衞也國人且惡之爲有十年子婦而可奪之爲己有乎〇范氏曰明皇殺三子納子婦用李林甫爲相使族滅無罪之人三綱絕矣其何以爲天下乎

丙戌 五載

春正月

夏四月李適之罷以陳希烈同平章事

希烈以講老莊得進專以神仙符瑞媚上李林甫以其柔佞易制故引以為相

五月朔日食

丁亥六載

春正月令士通一藝以上皆詣京師

冬十月如驪山溫泉名其宮曰華清

十一月

以王忠嗣為河西隴右朔方河東節度使

殺北海太守李邕及皇甫惟明韋堅等李適之自殺

以安祿山兼御史大夫

以哥舒翰充隴右節度使

十二月

翰本突騎施別部酋長以勇略爲王忠嗣所重

以高仙芝爲安西四鎮節度使

戊子 七載

夏四月

五月羣臣上尊號

賜安祿山鐵券

冬十一月以貴妃姊爲國夫人 封爲韓號秦國夫人

十二月

以高力士爲驃騎大將軍

哥舒翰築神威軍應龍城

雲南王皮羅閣死子閣羅鳳嗣 壬辰僭國改號大蒙改元贊普鍾七長壽十一

己丑 八載

春二月帥羣臣觀左藏

賜楊釗金紫

夏五月停折衝府上下魚書

六月加聖祖及諸帝后號謚

羣臣請加尊號

凡十二字曰開元天地大寶聖文神武應運皇帝

始禘祫于太清宮

庚寅 九載

夏五月

秋八月求殷周漢後廢韓介酅公

處士崔昌上言曰國家宜承周漢以土代火魏周隋皆閏位不當以其子孫爲二王後上乃命求殷周漢後爲三恪

賜安祿山爵東平郡王

唐將帥封王自此始

以安祿山鎮河北道採訪處置使

冬十月得妙寶真符
廢韓介酇公○韓介酇魏周隋之後三國名

辛卯 十載
春正月

安祿山入朝
賜楊釗名國忠

南詔反陷雲南郡

爲安祿山起第于親仁坊
高仙芝入朝加開府儀同三司
以安祿山兼河東節度使

秋八月武庫火
燒兵器三十七萬○天火曰災人火曰火是時祿山兼領三鎮已蓄異志武庫之火安知非祿山爲之

冬十一月

以楊國忠爲劍南節度使

壬辰 十有一載
夏

以安思順爲朔方節度使

五月 秋八月上復幸左藏 冬十一月李林甫卒 以楊國忠爲右相兼文部尚書 改吏兵刑部爲文武憲部		以楊國忠爲御史大夫京畿採訪使 李林甫卒 哥舒翰安祿山安思順入朝
癸巳 十有二載 春二月追削李林甫官爵 剖其棺 秋八月 冬十月帝如華清宮		以哥舒翰兼河西節度使
甲午 十有三載 春正月		安祿山入朝 加安祿山左僕射以

二月復加聖祖及諸帝后號謚（皇上亦加尊號增至十四字）

三月

夏六月朔日食不盡如鉤

秋八月陳希烈罷以韋見素同平章事

冬閏十一月戶部奏郡縣戶口之數（郡三百二十一縣千五百三十八戶九百六十一萬九千二百五十四口五千二百八十八萬四百八十八）

安祿山爲閑廄羣牧使（祿山求兼領羣牧總監密遣親信選健馬堪戰者數千匹別飼之）	以楊國忠爲司空	安祿山歸范陽

乙未十有四載

春二月

秋七月

冬十月帝如華清宮

十一月帝還京師安慶宗伏誅

安祿山請以蕃將代漢將從之 祿山求領三鎮則許之求兼羣牧則許之今又請以蕃將代漢將又許之豈天固欲使之肆逆爲昏亂者之戒耶

哥舒翰入朝 翰入朝得疾遂留京師

安祿山表請獻馬遣中使諭止之

安祿山反遣封常清如東京募兵以禦之以郭子儀爲朔方節度使以張介然爲河南節度使

十二月制朔方河西隴右兵赴行營

東平太守吳王祇起兵討賊

祇太宗子吳王恪之後

制太子監國

平原太守顏真卿起兵討賊

常山太守顏杲卿起兵討賊

以榮王琬爲元帥高仙芝副之統諸軍屯陝

吳王祇起兵討賊以永王璘爲山南節度使潁王璬爲劍南節度使

祿山陷靈昌及陳留殺張介然

封常清與賊戰于武牢敗績祿山遂陷東京留守李憕御史中丞盧奕死之

高仙芝退保潼關河南多陷

平原太守顏真卿起兵討賊

真卿琅邪臨沂人師古五世孫

殺高仙芝封常清以哥舒翰爲副元帥

祿山遣兵寇振武郭子儀使兵馬使李光弼僕固懷恩擊破之進圍雲中拔馬邑

常山太守顏杲卿起兵討賊河北諸郡皆應之

吐蕃贊普乞梨蘇死子娑悉立

唐玄宗天寶十四載

丙申 十有五載 肅宗皇帝至德元載

春正月

二月真源令張巡起兵雍邱討賊

安祿山僭號 自稱大燕皇帝改元聖武
以李隨爲河南節度使許遠爲睢陽太守
賊將史思明陷常山顏杲卿死之復陷九郡進圍饒陽
以李光弼爲河東節度使
祿山遣其子慶緒寇潼關哥舒翰擊却之

李光弼入常山執賊將安思義遂與史思明戰大敗之
真源令張巡起兵雍邱討賊
以李光弼爲河北節度使
加顏真卿河北採訪

夏四月

五月

六月哥舒翰與賊戰于靈寶大敗賊遂入關

楊國忠既激祿山之反又促哥舒翰出兵潼關以致賊遂入關甚矣小人之不可用也明皇以天下安危寄之一相而其人如此安得不傾覆乎

帝出奔蜀

曲禮曰天子不言出穀梁傳曰王者無出出失天下也蓋

使

以賀蘭進明為河北招討使

郭子儀李光弼與史思明戰于九門敗之進拔趙郡

郭子儀李光弼與史思明戰于嘉山大破之復河北十餘郡

御批唐明皇耽于逸樂任用楊國忠以致倉卒出奔軍士憤怨是其

王者以四海爲家京師爲室故所在曰行在所而巡狩行幸則曰車駕次于某是也玄宗躬臨大寶垂五十載際天所覆悉主悉臣一旦盜起乃棄宗廟委天屬獨攜所愛脫身而逃則是一匹夫耳綱目書出書奔不以天王之禮予之而以匹夫庶人之事待之可謂賤之甚矣

按玄宗即位以來奢欲固未免而善政可紀者亦多自開元末年書立賑饑法而後殆無一善可書所書者非惑鬼神則務聚斂也寵邊將也其所誅賞非爲李林甫則楊國忠也貴妃也欲無大亂得乎

次于馬嵬楊國忠及貴妃楊氏伏誅發馬嵬留太子東討

父老留帝不得願帥子弟從太子東破賊取長安擁太子馬不得行太子不可涕泣跋馬欲西建寧王倓與李輔國執鞚諫曰逆胡犯闕四海分崩不因人情何以興復太子

禁所逸樂者卽取禍之道也歷觀史冊比比皆是矣

乃使倓馳白上上曰天也宜旨願傳位太子太子不受倓倓皆太子之子也〇馬嵬故城在興平縣西北二十三里馬嵬于此築城以避難未詳何代人也

帝至扶風

太子至平涼

帝至河池以崔圓同平章事

陳倉令薛景僊殺賊將克扶風而守之

長安陷

祿山賊將孫孝哲將兵入長安殺妃主皇孫數十人刳其心以祭安慶宗捜捕百官宮女送洛陽王侯相將扈從車駕家留長安者誅及嬰兒

郭子儀李光弼引兵入

唐玄宗天寶十五載

井陘劉正臣襲范陽不克

帝至普安以房琯同平章事

普安古邑名廣漢郡梓潼縣地

秋七月太子即位于靈武尊帝爲上皇天帝以裴冕同平章事

舜之嗣位也受終于文祖禹之繼統也受命于神宗故王者即位必受國于先君而後可又況君父在上者乎馬嵬之命固嘗宣旨欲傳于太子而太子不受故綱目止以留太子討賊書之今既上無所承遽正尊位則是太子自叛其父也何以討賊爲哉唐有天下幾三百年由漢以來享

國最爲長久而三綱不立無父子君臣之義是以上無教化下無廉恥而欲以正天下難矣其享國長久亦曰幸哉

上皇制以太子充天下兵馬元帥諸王分總天下節制

上皇至巴西以崔渙同平章事韋見素爲左相

李泌至靈武

帝爲太子時與泌爲布衣交及赴靈武聯轡共榻事無大小皆咨之帝欲相泌泌固辭之後以宦官交敵力請還衡

河西安西皆遣兵詣行在

河西李嗣業安西李栖筠

上皇至成都

永王璘盛王琦豐王珙分領諸道節度都使

琦珙不出閤惟璘赴江陵先是四方聞潼關失守莫知上所之至是始知乘輿所在

令狐期圍雍邱張巡擊走之

以顏真卿爲工部尚書

八月以郭子儀爲靈武長史李光弼爲北都留守並同平章事

上皇遣使奉冊寶如靈武

九月以廣平王俶爲天下兵馬元帥李泌爲侍謀軍國副元帥長史

遣使徵兵回紇

帝如彭原

寶冊至自成都

冬十月朔日食既

永王璘反上皇遣淮南節度使高適等討之

十二月

八月	九月	冬十月	十二月
	廣平王俶爲天下兵馬元帥	永王璘反	
	史思明陷趙郡常山	史思明攻陷河北諸郡	張巡移軍寧陵與賊
回紇吐蕃遣使請助討賊		回紇遣葛邏支將兵入援	于闐王勝將兵入援

肅宗皇帝 名亨玄宗子在位七年壽五十二歲

丁酉 至德二載

春正月上皇以李麟同平章事命崔圓赴彭原

殺建寧王倓

是時兩京覆沒社稷爲墟肅宗乘危自立正宜臥薪嘗膽克清大憝而乃信李輔國張良娣之言而殺其子重尋玄宗覆車之轍其不遂至滅亡也幸爾建寧之死可哀也矣

帝如保定

殺建寧王倓

將楊朝宗戰大破之

安慶緒殺安祿山 祿山稱帝目已盲又病疽性益躁暴既而嬖妾生子慶恩欲以代慶緒慶緒懼其相嚴莊勸慶緒殺祿山而自立慶緒立後爲史思明縊殺之祿山父子僭位三年而滅

史思明等寇太原李光弼擊破之

賊將尹子奇寇睢陽張巡與許遠拒却之

郭子儀平河東賊將崔乾祐敗走

平盧節度使劉正臣卒

二月帝至鳳翔即扶風改之也

三月韋見素裴冕罷徵苗晉卿爲左相

上皇遣中使祭始興文獻公張九齡無甬東之禍則子胥之諫不驗無淝水之敗則王猛之言不酬太宗思魏徵于伐遼之後玄宗思九齡于奔蜀之餘皆禍敗已形回思忠臣智士曩日之告如蓍龜明鑑毫髮不爽者然已無及矣

夏四月房琯罷以張鎬同平章事

江南採訪使李成式討永王璘璘敗走死

尹子奇復寇睢陽張巡擊走之

以郭子儀爲司空天下兵馬副元帥與賊戰于清溝敗績貶郭子儀爲左僕射子儀詣闕請自貶以爲左僕射

秋七月
九月廣平王俶郭子儀收
復西京
遣使請上皇還京師
冬十月廣平王俶郭子儀
等收復東京
李泌歸衡山
帝發鳳翔遣韋見素奉
迎上皇
帝入西京上皇發蜀郡
十二月上皇還西京
赦天下
加郭子儀司徒李光弼
司空功臣進階賜爵有
差

立廣平王俶爲楚王

尹子奇復寇睢陽

郭子儀克華陰弘農

尹子奇陷睢陽張巡
許遠死之
郭子儀遣兵取河陽
及河內
陳留人殺尹子奇舉
城降
安慶緒走保鄴郡

史思明河東節度使
高秀巖各以所部來
降
史思明以所部十
三郡及兵八萬來
降上以爲歸義王

追贈死節之士
上上皇尊號
以良娣張氏爲淑妃
故妃韋氏卒

戊戌 乾元元年
春正月上上皇加帝尊號帝
復上上皇尊號
二月大赦改元
三月立淑妃張氏爲皇后
夏四月新主入太廟
五月停採訪使改黜陟使
爲觀察使

徙楚王俶爲成王

以李輔國兼太僕卿 輔國宦者也宦者有爲將軍者矣未聞有爲卿者自是而書爲兵部尚書爲司空兼中書令至進爵爲博陸王極矣不至於盜殺不止也

張鎬罷
立成王俶爲皇太子更
名豫
崔圓李麟罷以王璵同
平章事
上頗好鬼神璵專依鬼神以求媚故悅之
贈顏杲卿太子太保諡
曰忠節
六月
秋七月初鑄大錢
一當十大錢文曰乾元重寶
八月郭子儀李光弼入朝

史思明反殺范陽副
使烏承恩
李光弼以思明終當叛亂陰使烏承恩圖之事泄思明執殺之

冊回紇英武可汗以
寧國公主歸之

以子儀爲中書令光弼爲侍中

命郭子儀等九節度討安慶緒

冬十月郭子儀等拔衞州遂圍鄴城

己亥二年

春正月

二月月食既張后之敵陽已極矣

三月九節度之兵潰于相州

苗晉卿王璵罷以李峴李揆呂諲第五琦同平章事

史思明自稱燕王鎮西節度使李嗣業卒於軍

史思明殺安慶緒還范陽

以郭子儀爲東畿等道元帥
夏四月
秋七月召郭子儀還京師以李光弼爲朔方節度使兵馬元帥
冬十月

寧國公主歸京師 回紇以公主無子聽歸

史思明僭號
以李抱玉爲鄭陳潁亳節度使

以王思禮爲河東節度使
賜僕固懷恩爵大寧郡王

李光弼與史思明戰于河陽大敗之

回紇毗伽闕可汗死 其子登里可汗立

庚子 上元元年
春正月以李光弼爲太尉兼中書令以郭子儀領邠寧鄜坊節度使
閏四月追謚太公望爲武成王

御批

兵機遲速關係最重利害所爭間不容髮有宜速而遲者固失事機有宜遲而速者亦患于輕躁皆足取敗至于輕信僉壬浮

夏六月

興王佋卒 佋張后之子張后常欲危太子太子以恭遜取容會佋卒后幼子定王侗幼太子位遂定

秋七月李輔國遷太上皇于西內 肅宗不子之罪著矣輔國不臣之惡極矣

辛丑 二年

春二月李光弼與史思明戰于邙山敗績河陽懷州皆陷 宦者魚朝恩促之也

貶李揆爲袁州長史以蕭華同平章事 至是李峴貶爲蜀州刺史第五琦爲忠州長史旋除名流夷州呂諲罷李揆恐諲復入相陰使人求諲過失諲上疏

說及令中使督師往往僨事以至全軍覆沒如魚朝恩之促李光弼者何可勝數明季亦坐此弊

自訟乃貶揆而相華

三月

夏四月以李光弼爲太尉統八道行營鎮臨淮

秋七月朔日食既大星皆見

綱目書日食既十有二未有一世而再既如肅宗者

八月

九月置道場于三殿

制去尊號及年號以建子月爲歲首

建子月受朝賀如正旦儀

唐肅宗上元二年

史朝義殺史思明

朝義思明長子思明愛少子朝清常欲殺朝義立朝清朝義懼射殺思明并遣人至范陽殺朝清

加李輔國兵部尚書

以元載爲度支鹽鐵轉運等使

時人以載謂之白著○民有貲產無因而強取之謂之白著

上朝太上皇于西內（初上畏張后不敢詣西內至是感山人李唐之言始往朝）

壬寅　寶應元年

春建寅月

建卯月

建辰月蕭華罷以元載同平章事領度支轉運使如故

建巳月太上皇崩（太上皇崩年七十八上自仲春寢疾聞上皇登遐疾轉劇乃命太子監國）

復以建寅爲正月（魏主叡嘗建丑矣不三年而復武后嘗用周正矣十一年）

李光弼拔許州

河東軍亂殺其節度使鄧景山

賜郭子儀爵汾陽王知諸道行營以來瑱爲淮西河南節度使

而復肅宗建子亦不一年
而復夏時信不可易也

帝崩李輔國弒皇后張氏

肅宗趣取大物而子道悖制于張后而夫道奪脅于輔國而君道失殺齊王倓而父道虧倘非郭李而唐之克復未可知矣

太子豫即位

以李輔國爲司空兼中書令

宦者爲司空魏有劉騰唐有輔國

六月進李輔國爵博陸王

秋七月

九月以來瑱同平章事

郭子儀入朝

以程元振爲驃騎大將軍

回紇舉兵入援

冬十月以雍王适爲天下兵馬元帥討史朝義大敗之取東京及河陽賊將薛嵩張忠志以州降

盜殺李輔國

盜實上有以遣之也以天子而行盜賊之謀是亦盜賊也可愧甚矣

十一月

代宗皇帝

名俶更名豫肅宗子在位十七年壽五十三歲

雍王适爲天下兵馬元帥討史朝義

盜殺李輔國

以僕固懷恩爲河北副元帥

郭子儀以懷恩有平河朔功請以副元帥讓之

諸軍圍史朝義于莫州

癸卯 廣德元年 春正月以劉晏同平章事 流來瑱于播州殺之 三月葬泰陵喬陵 泰陵玄宗墓西安蒲城縣東北三十里金粟山喬陵肅宗墓西安醴泉縣西北十八里武將山 秋七月羣臣上尊號 九月	
賊將田承嗣以莫州降 賊將李懷仙殺史朝義傳首京師 以薛嵩田承嗣李懷仙爲河北諸鎮節度使 唐失河北自此始	徵僕固懷恩入朝不至 因辛雲京使駱奉仙奏其反狀已露故上書自訟而不朝然徵之不至不臣甚矣
回紇歸國	

冬十月吐蕃入寇上如陝州吐蕃入長安關內副元帥郭子儀擊之吐蕃遁去

胡氏曰郭子儀之德之才可以兼任將相乃置之閒處及有急難又遽委用之代宗于閹尹之言受命如響進退子儀如待奴隸自李光弼已下特功負氣夫豈堪此獨子儀無纖芥于胸中一聞君命不俟駕而行蹈危履險死生以之其忠義精誠仰貫白日而度量宏偉無所不包真可以為人臣之師表矣使代宗挈國權兵柄而付之於以復太宗之業何難焉而不能也可勝歎哉

十一月

十二月上還長安

削程元振官爵放歸田里

放廣武王承宏于華以魚朝恩為天下觀

苗晉卿裴遵慶罷復以

李峴同平章事

甲辰 二年

春正月遣刑部尚書顏真卿宣慰朔方行營

立雍王适爲皇太子

以郭子儀爲河中節度等使

劉晏李峴罷以王縉杜鴻漸同平章事

秋七月稅青苗錢給百官俸

唐租庸調之法壞代宗以畝定稅斂以夏秋又以國用急不及秋苗方青卽征之號青苗錢

州

吐蕃入長安立王爲帝吐蕃旣去承宏逃匿草野上赦不誅放于華州

軍容宣慰處置使總禁兵

宦官之盛至是深矣宦官之權至是極矣

流程元振于溱州

僕固懷恩反寇太原

僕固瑒爲其下所殺

懷恩走雲州

李光弼卒

光弼治軍嚴重指顧號令諸將莫敢仰視謀定而後戰能以少制衆與郭子儀齊名及在徐州代宗播越乃擁兵不赴國難以致諸將田神功等不復稟畏愧恨成疾

回紇吐蕃入寇

臨淮王李光弼卒諡武穆

而卒君子病之

冬十月

僕固懷恩引回紇吐蕃入寇詔郭子儀出鎮奉天

懷恩逼奉天郭子儀出兵懷恩退

十二月戶部奏是歲戶口之數戶二百九十餘萬口一千六百九十餘萬

加郭子儀尚書令不受

乙巳永泰元年

春三月

以裴諝爲左司郎中

夏四月畿內麥稔

劍南節度使嚴武卒平盧將李懷玉逐其節度使侯希逸詔以懷玉爲留後賜名正己

吐蕃遣使請和

秋九月置百高座講仁王經

希逸好遊畋兵馬使李懷王得衆心

僕固懷恩誘回紇吐蕃入寇懷恩道死召郭子儀屯涇陽冬十月回紇受盟而還吐蕃夜遁

郭子儀輕騎見虜虜皆下馬羅拜受盟而還王今以爲美談然非忠信素著何以得此

郭子儀還河中

丙午 大曆元年

春正月敕復補國子學生

以戶部尚書劉晏侍郎第五琦分理天下財賦

二月釋奠于國子監

貶顏真卿爲峽州別駕

以疏論元載也

御批

自漢唐以來之勳臣功名最盛而福祚克全者以郭子儀爲首稱非其得于天者獨厚也良由篤棐謙冲不敢以功業自矜故能終身顯榮聲

冬十月上生日諸道節度使上壽

丁未 二年

春二月

郭子儀入朝

冬十二月

郭子儀入朝

時有盜發子儀父冢人疑魚朝恩使之子儀入朝朝廷憂其爲變語及之對曰臣不能禁暴乃天譴非人事也朝廷乃安

戊申 三年

春三月朔日食

夏四月徵李泌于衡山

追諡齊王倓爲承天皇帝

秋八月

吐蕃寇靈武鳳翔都將李晟屠吐蕃定秦堡吐蕃遁還

定秦堡乃吐蕃積聚之所○李晟洮州臨潭人

施後世觀其自謂不能禁暴乃遺天譴數語其虛懷卓識過人遠矣

年				
己酉 四年	春正月		郭子儀入朝	
	夏五月		以僕固懷恩女嫁回紇	
	六月		郭子儀徙鎮邠州	
	冬十月以裴冕同平章事		杜鴻漸卒	
	十二月卒			
庚戌 五年	春三月		魚朝恩伏誅	
	秋七月		以李泌為江西觀察判官 上以泌為元載所忌故匿泌于江西觀察使魏少游所也	
辛亥 六年	春二月			嶺南蠻酋梁崇牽作

				亂討平之
壬子 七年	春正月回紇使者犯朱雀門 冬十月		以朱泚代盧龍節度使	
癸丑 八年	冬十月加田承嗣同平章事		元載奏請城原州 載尋得罪事遂寢	吐蕃寇涇邠郭子儀遣渾瑊拒却之
甲寅 九年	春二月		郭子儀入朝	
	三月	詔以永樂公主妻田華 華承嗣之子		
	秋九月		盧龍節度使朱泚入	

紀年	帝紀		朝	
乙卯 十年	春正月		田承嗣反	
	夏四月		郭子儀入朝	
	冬十月朔日食 貴妃獨孤氏卒 追謚貞懿皇后		敕貶田承嗣發諸道兵討之	吐蕃寇涇隴馬璘等擊破之
丙辰 十有一年	春二月		赦田承嗣入朝	
	冬十二月		涇原節度使馬璘卒	
丁巳 十有二年	春三月誅元載		詔復討田承嗣既而	

夏四月以楊綰常袞同平章事

秋七月司徒楊綰卒

九月

冬

戊午

十有三年

釋之

誅元載

楊綰卒 諡曰文簡

以顏真卿爲刑部尚書

以段秀實爲涇原節度使 秀實軍令簡約有威惠奉身清儉室無姬妾觀其讓李嗣業之不赴行在吐蕃寇涇邠出城中兵出陳東原而其忠義可知矣

吐蕃寇原坊州

吐蕃寇靈夏郭子儀拒却之

春正月			回紇寇太原張光晟擊破之
二月 夏六月隴右獻貓鼠同乳 朱泚以爲瑞崔祐甫以爲妖上嘉之			吐蕃寇靈州
秋			吐蕃寇靈慶又寇銀麟李懷光擊破之
八月葬貞懿皇后 冬十二月		郭子儀入朝 自寶應元年至是子儀凡七入朝此其所以爲純臣也李光弼愧之多矣	
己未 十有四年 春正月		以李泌爲澧州刺史	
二月		田承嗣卒 以其姪田悅爲魏博留後	

三月

夏五月帝崩太子适即位

代宗之政無可紀述獨誅三宦官及元載爲最武而就其事論之皆不能盡善豈非不若慎之于初之爲善歟

閏月貶常袞爲潮州刺史以崔祐甫同平章事

詔罷四方貢獻又罷梨園

賜號郭子儀爲尚父加太尉兼中書令

詔天下毋得奏祥瑞縱馴象出宮女

六月

秋七月朔日食

立皇子五人爲王

立皇弟二人爲王

淮西將李希烈逐其節度使李忠臣詔以希烈爲留後

以李希烈爲淮西節度使

八月以楊炎喬琳同平章事

九月

冬十月葬元陵西安府富平縣西北二十五里檀山

十一月喬琳罷

十二月晦日食

立宣王誦爲皇太子

詔財賦皆歸左藏自第五琦爲度支時奏貯于大盈庫內至是從楊炎之諫歸于左藏是也

以曹王臯爲衡州刺史

南詔王閤羅鳳死子鳳迦異前死孫異牟尋立

在位二十九年

吐蕃南詔入寇李晟等擊破之

德宗皇帝 名适代宗子在位二十六年壽六十四歲

庚申 建中元年

春正月始作兩稅法 夏輸無過六月秋輸無過十一月設兩稅使以總之

二月命黜陟使十一人分巡天下

夏四月上生日不受獻

六月門下侍郎同平章事崔祐甫卒

築奉天城

以段秀實為司農卿 楊炎怨秀實沮其浚渠之策故置散地

以朱泚為涇原節度使 代秀實也

崔祐甫卒

吐蕃遣使入貢

回紇頓莫賀殺登里可汗而自立遣使冊命之

在西安府乾州德宗從術士桑道茂之言築奉天城及朱泚作亂果幸焉

秋七月遙尊帝母沈氏爲皇太后

上母沈氏吳興人安史之亂陷賊不知所在代宗即位求之不獲

八月

冬十月

十一月始定公主見舅姑禮

先是公主下嫁舅姑拜之婦不答上命禮官定公主拜見

以睦王述爲奉迎太后使

述代宗子後徙封滕王

殺忠州刺史劉晏

晏于國家有足食之功罪不至死而置之死欲以服姦雄之心難矣

振武留後張光晟殺回紇使者九百餘人

以使者歸國驅擾百姓也

舅姑之儀舅姑坐受于中堂諸父兄姊立受于東序如家人禮○自太宗朝下嫁公主已異前代久而復失今德宗始定可謂審之審者矣

是歲天下兵民之數

稅戶三百八萬五千七十六籍兵七十六萬八千餘人稅錢三千八十九萬八千餘緡穀二百一十五萬七十餘斛○前此書戶口之數今此書兵民之數者何也府兵未壞民皆為兵故止計戶口而已今則方鎮專兵而天子又自有禁軍于是兵自兵民自民君子觀之可以知世變矣

辛酉 二年

春正月以楊炎盧杞同平章事

夏四月加梁崇義同平章

成德節度使李寶臣卒子惟岳自稱留後

事

五月

六月尚父太尉中書令汾陽王郭子儀卒諡忠武

秋七月安西北庭遣使詣闕詔賜李元忠北庭使爵寧塞郡王郭昕子儀弟子安西使武威郡王

田悅寇邢洺

以韓滉爲鎮海軍節度使梁崇義拒命詔淮寧節度使李希烈督諸道兵討之

汾陽王郭子儀卒子儀校中書令考凡二十四家人三千人八子七壻皆爲顯官諸孫數十人每問安不能盡辨頷之而已天下以其身係安危者殆三十年功蓋天下而上不疑位極人臣而衆不疾年八十五而終其將佐爲名臣者甚衆

詔馬燧李抱真李晟討田悅戰于臨洺大破之

平盧節度使李正己卒子納自領軍務與

自吐蕃陷河隴伊西而安西北庭聲問不達者十餘年至是遣使自回紇中來上嘉之

楊炎罷以張鎰同平章事

八月

九月加李希烈同平章事

冬十月殺左僕射楊炎

祫于太廟

十一月

壬戌三年

春正月

永樂公主適田華

李惟岳遣兵救田悅

李希烈與梁崇義戰大破之崇義死傳首京師

殺楊炎盧杞陷之也

馬燧等大破田悅于洹水博洛州降成德

癸亥 四年

夏四月

冬十月以關播同平章事（關播汲人）

十一月加陳少遊同平章事

十二月

以曹王皐爲江西節度使

兵馬使王武俊殺李惟岳傳首京師

朱滔王武俊反詔朔方節度使李懷光討之

以張鎰兼鳳翔節度使

朱滔田悅王武俊李納皆自稱王（滔稱冀王爲盟主悅稱魏王武俊稱趙王納稱齊王）

李希烈自稱天下都元帥

春正月

三月

夏四月初行稅間架除陌錢法每屋一間稅若干每百錢除若干

秋八月

冬十月涇原兵過京師作亂上如奉天朱泚反據長安即姚令言兵也

曹王皐敗李希烈兵李希烈引兵歸蔡州斬其將拔黃蘄州

李希烈陷汝州詔遣顏真卿宣慰之詔東都汝州節度使哥舒曜討李希烈二月克汝州

李希烈寇襄城詔發涇原等道兵救之

涇原兵過京師作亂朱泚反據長安司農卿段秀實謀誅朱泚不克死之是時涇原節度使姚令言迎泚入宮

以蕭復劉從一姜公輔同平章事

泚犯奉天詔韓遊瓌渾瑊拒之

十一月李晟將兵入援渾瑊擊朱泚破走之奉天圍解

十二月貶盧杞爲遠州司馬尋卒于澧州

關播罷

甲子 興元元年

泚遣韓旻將兵襲帝段秀實見事急使岐靈岳詐爲令言符追之竊其印未至秀實倒用司農印追旻還是日秀實以笏擊泚罵賊遇害

鳳翔將李楚琳殺節度使張鎰降于朱泚

朱泚僭號

李希烈陷襄城

田悅王武俊寇臨洺

李懷光至奉天詔引軍還取長安

以陸贄爲考功郎中

李希烈陷汴滑州

陳少遊叛

春正月大赦

二月贈段秀實太尉諡忠烈

加李懷光太尉賜鐵券

李懷光反帝奔梁州

初懷光將反其子璀爲御史言于帝曰臣父必負陛下臣聞君父一也不忍不言帝問何以自免曰臣死耳忍賣父求生邪懷光死而璀亦死

加神策行營節度使李晟同平章事

三月車駕至梁州

王武俊田悅李納上表謝罪 李希烈僭號稱大楚皇帝 詔復王武俊田悅李納官爵	李懷光反 衆竊言曰若擊朱泚惟力是視若欲反我曹有死不肯從也	李懷光奔河中

夏四月加李晟諸道副元帥

六月李晟等收復京城

以李晟爲司徒中書令

渾瑊爲侍中

上發梁州

秋七月車駕還長安

徵李泌爲左散騎常侍

八月以李晟爲鳳翔隴右節度等使進爵西平王

冬十一月加韓滉同平章事蕭復罷

田緒殺田悅權知軍務（緒田承嗣之子）

以田緒爲魏博節度使

李晟等收復京城朱泚亡走其將韓旻斬之以降

顏真卿爲李希烈所殺

朱滔上表待罪

乙丑 貞元元年

春正月贈顏真卿司徒謚文忠

三月

秋七月大旱

八月以張延賞爲左僕射

九月劉從一罷

丙寅 二年

以曹王皋爲荊南節度使

馬燧渾瑊破李懷光于長春宮

陝虢軍亂殺其節度使張勸詔以李泌爲都防禦轉運使

馬燧取長春宮遂及諸軍平河中李懷光縊死

加馬燧兼侍中赦懷光一子收葬其尸罷討淮西兵

春正月以劉滋崔造齊映同平章事

夏四月

秋七月

冬十一月皇后王氏崩

淑妃王氏久疾帝念之立爲后冊畢而沒

十二月崔造罷

丁卯

三年

春正月以張延賞同平章事

劉滋罷以柳渾同平章事

淮西將陳僊奇殺李希烈以降以僊奇爲節度使

陳僊奇爲其將吳少誠所殺以少誠爲留後

李晟入朝

雲南王異牟尋請內附

二月鎮海節度使同平章事韓滉卒

三月以李晟爲太尉

夏閏五月

六月以馬燧爲司徒兼侍中

以李泌同平章事

秋七月張延賞卒

八月朔日食

柳渾罷

九月

韓滉卒

以曹王皋爲山南東道節度使

渾瑊與吐蕃盟于平涼吐蕃劫盟

張延賞卒

幽郜國大長公主流李昇于嶺南 公主肅宗女也適蕭升女爲太子妃主素不謹李昇等出入其第或告淫亂上大怒幽之禁中流昇等于嶺表

吐蕃寇隴州

回紇求和親許之

冬十月

吐蕃城故原州而屯之

戊辰 四年 夏六月徵陽城爲諫議大夫 陽城夏縣人李泌薦之

冬十月

回紇來迎公主仍請改號回鶻

十一月

以張建封爲徐泗濠節度使 建封鄧州南陽人

冊回鶻長壽天親可汗以咸安公主歸之

己巳 五年 春二月以董晉竇參同平章事 晉虞鄉人

三月中書侍郎同平章事
鄴侯李泌卒

冬十二月

鄴侯李泌卒

回鶻天親可汗死遣使立其子爲忠貞可汗

庚午
六年
冬十月

回鶻忠貞可汗爲其弟所殺而自立國人殺之而立忠貞之子阿啜爲可汗
吐蕃陷安西

辛未
七年
春二月

遣使立回鶻奉誠可汗

秋八月以陸贄爲兵部侍郎解內職

陸贄爲兵部侍郎解內職

吐蕃寇靈州回鶻擊敗之九月遣使來獻俘

壬申 八年

夏四月貶竇參爲柳州別駕

以趙憬陸贄同平章事

秋七月天下四十餘州大水

八月遣使宣撫諸道

冬十一月朔日食

李納卒

貶姜公輔爲吉州別駕

癸酉 九年

春正月初稅茶

三月貶竇參爲驩州司馬尋賜死

夏五月以趙憬爲門下侍郎與賈耽盧邁同平章事

雲南王異牟尋遣使上表請棄吐蕃歸唐也

董晉罷

秋八月大尉中書令西平王李晟卒

西平王李晟卒諡曰忠武

雲南擊吐蕃大破之遣使來獻捷

甲戌 十年

春正月

夏六月

遣使立異牟尋爲南詔王

冬十二月陸贄罷爲太子賓客

乙亥 十有一年

夏四月貶陸贄爲忠州別駕

五月

回鶻奉誠可汗死遣使立懷信可汗

秋七月

以陽城爲國子監司

八月司徒侍中北平王馬燧卒

丙子十有二年

春正月以渾瑊王武俊兼中書令嚴震田緒劉濟韋臯同平章事

夏四月

秋七月

八月朔日食

趙憬卒

冬十月以崔損趙宗儒同

業

北平王馬燧卒諡曰莊武

田緒卒緒尚嘉誠公主無子以庶子季安爲子緒卒推季安爲留後

宣武軍亂以董晉爲節度使

以陸長源爲宣武行軍司馬

平章事

丁丑 十有三年

春二月築方渠合道木波三城 三城皆吐蕃要路

秋七月

起復張茂宗爲左衛軍尚公主 茂宗茂昭之弟也

九月盧邁罷

吐蕃贊普乞立贊死其子足之煎立

戊寅 十有四年

秋七月趙宗儒罷

以鄭餘慶同平章事

九月

吳少誠叛侵壽州

貶陽城爲道州刺史

己卯 十有五年

春二月

三月

秋八月

冬十二月中書令咸寧王
渾瑊卒

庚辰 十有六年

春二月

夏五月

秋九月貶鄭餘慶爲郴州
司馬

以齊抗同平章事

董晉卒軍亂殺留後
陸長源

吳少誠寇唐州

削吳少誠官爵詔諸
道進兵討之

咸寧王渾瑊卒

以韓全義爲蔡州招
討使

徐泗濠節度使張建
封卒

年				
辛巳	十有七年 夏五月朔日食 秋九月 冬十月以韋皋爲司徒中書令賜爵南康王		成德節度使王武俊卒	韋皋大破吐蕃于雅州
壬午	十有八年 秋七月詔百官毋得正牙奏事			
癸未	十有九年 春三月以杜佑同平章事 還獻懿二祖于德明與聖廟 以李實爲京兆尹 自正月不雨至于秋七			

	月齊抗罷冬十月崔損卒十二月以高郢鄭珣瑜同平章事		崔損卒 貶監察御史韓愈為陽山令因言京畿窮困今年稅物徵未得者請俟來年遂坐貶	
甲申	二十年春正月秋九月太子有疾初翰林院待詔王伾善書王叔文善棊出入東宮娛侍太子太子愛幸之			吐蕃贊普死弟嗣立
乙酉	二十有一年順宗皇帝永貞元年是歲順宗即位八月傳禪雖不踰年改元非得已也春正月帝崩太子誦即位			

帝以太子疾不能朝涕泣悲歎由是得疾而崩時太子以風疾失音宦官李忠言昭容牛氏侍左右百官奏事自帷中可其奏王伾召叔文坐翰林中使決事伾入言于忠言稱詔行下外初無知者

以韋執誼同平章事王叔文專政首引執誼爲相

大赦罷進奉宮市五坊小兒

追陸贄陽城赴京師未至卒

立廣陵王純卽淳爲皇

按德宗初政清明有可紀者自任楊炎盧杞遂致大亂要其終身大病則有三焉事姑息任閹官好聚斂也

以王伾爲左散騎常侍王叔文爲翰林學士

以王伾爲翰林學士

以武元衡爲左庶子元衡太原人

太子
買耽鄭珣瑜病不視事
夏五月
六月韋皋表請太子監國
秋七月太子監國
以杜黃裳袁滋同平章
事
鄭珣瑜高郢罷
八月帝傳位于太子自號
太上皇
太子即位
以袁滋爲西川節度使
以鄭餘慶同平章事
九月

以王叔文爲戶部侍
郎

王叔文以母喪去位

貶王伾爲開州司馬
叔文爲渝州司戶

南康王韋皋卒
諡忠武

貶韓泰韓曄柳宗元
劉禹錫爲諸州刺史
初劉禹錫程異陳諫柳宗元韓泰韓曄凌準執誼八人

冬十月葬崇陵在西安府涇陽縣嵯峨山

十一月祔于太廟

貶韋執誼爲崖州司馬

貶袁滋爲吉州刺史

十二月以鄭絪同平章事

憲宗皇帝名純順宗子在位十五年壽四十三歲

丙戌元和元年

春正月太上皇崩

三月

皆附王叔文而進者及叔文敗八人皆貶爲遠州司馬

賈耽卒

以武元衡爲御史中丞

回鶻懷信可汗死遣使立其子爲騰里可汗

以劉闢爲西川節度副使

劉闢反詔神策行營節度使高崇文討之

夏綏留後楊惠琳拒命詔河東天德軍討

丁亥　二年

夏四月策試制舉之士
鄭餘慶罷
尊太上皇后為皇太后
秋七月葬豐陵 在西安府富平縣東北三十里金甕山
九月徵少室山人李渤為左拾遺 渤洛陽人涉之弟
冬十月
十一月

斬之 惠琳前夏綏節度使韓全義之甥也
以高崇文為東川節度副使
以元稹為拾遺
詔征蜀諸軍悉取高崇文處分
高崇文克成都擒劉闢送京師斬之
以高崇文為西川節度使

回鶻入貢

春正月司徒杜佑請致仕
杜黃裳罷爲河中節度使
以武元衡李吉甫同平章事
夏四月羣臣上尊號
李吉甫上元和國計簿

以普寧公主適于季友（季友山南東道節度使于頔之子也）

鎮海節度使李錡反
以武元衡爲西川節度使高崇文爲邠寧節度使
鎮海兵馬使張子良執李錡送京師誅之
以白居易爲翰林學士

戊子 三年
春正月大赦禁長吏詣闕進奉
夏四月策試賢良方正直言極諫舉人

五月

秋七月朔日食

以裴垍同平章事

邠公杜黃裳卒

杜黃裳卒 謚曰宣	
南詔異牟尋死子尋閣勸立在位一年	沙陀來降以其酋長執宜為陰山兵馬使 酋長朱邪盡忠與其子執宜謀復歸唐帥部落三萬而東〇朱邪入中國始此 此五季唐之始

己丑 四年

春正月鄭絪罷以李藩同平章事

三月

閏月制降繫囚蠲租稅出宮人絕進奉禁掠賣

詔贖魏徵故第賜其家

成德節度使王士真卒子承宗自為留後

立鄧王寧爲皇太子

夏六月毀安國寺碑樓 吐突承璀所修納李絳之諫而毀之也

秋九月以許孟容爲京兆尹

冬十一月

以王承宗爲成德節度使

吐蕃寇振武豐州

彰義節度使吳少誠卒 初少誠寵其大將吳少陽名以從弟如至親少誠病少陽殺其子自攝副使少誠死少陽自爲留後

雲南王尋閣勸死其子勸龍晟立 在位七年

庚寅五年

春正月

三月

秋九月以權德輿同平章事

貶元稹爲江陵士曹

以吳少陽爲淮西留後

冬十一月裴垍罷爲兵部尚書

垍得風疾上甚惜之

十二月

以李絳爲中書舍人

辛卯 六年

春正月以李吉甫同平章事

二月李藩罷爲太子詹事

秋九月梁悅報父仇殺人杖而流之

韓愈議曰律無復仇之條非闕文也蓋不許則傷孝子之心而乖先王之訓許之則人將倚法專殺而無以禁止其端故聖人丁寧其義于經而深沒其文于律其意將使法

以李絳爲戶部侍郎

吏一斷于法而經術之士得引經而議也

冬十二月以李絳同平章事

太子寧卒

大稔

封恩王等女為縣主

壬辰 七年

夏四月

秋七月立遂王恒為皇太子

八月

冬十月

以崔羣為中書舍人

魏博節度使田季安卒 時軍政廢亂夫人元氏立其子懷諫為副大使時年十一召田興為都知兵馬使

詔以田興為魏博節度

十一月

吐蕃寇涇州

度使

與魏博節度使田李安之兵馬使也

癸巳

八年

春正月權德輿罷

李吉甫李絳數爭論于上前權德輿在中無所可否上故罷之

徵西川節度使武元衡入知政事

賜田興名宏正

甲午

九年

春正月李絳罷爲禮部尚書

夏六月以張宏靖同平章事

秋七月

以岐陽公主適司議郎杜悰公主上長女郭妃所生有賢行悰杜佑之孫也

閏月

彰義節度使吳少陽卒其子元濟自領軍務

冬十月李吉甫卒

李吉甫卒

十二月以韋貫之同平章事

乙未
十年

春正月

吳元濟反

三月

以柳宗元爲柳州刺史劉禹錫爲連州刺史

田宏正遣其子布將兵助討淮西

夏五月

六月盜殺中書侍郎同平章事武元衡擊裴度傷首殺武元衡者李師道所遣客也

以裴度同平章事

秋七月

八月朔日食

李師道遣兵襲東都捕得伏誅

九月

唐憲宗元和十年

遣御史中丞裴度宣慰淮西行營	靈武節度使李光進卒光進李光顔之兄也	以韓宏爲淮西諸軍都統

冬十一月盜焚獻陵寢宮永巷

丙申

十有一年

春正月張宏靖罷爲河東節度使

蕭俛罷

二月以李逢吉同平章事

三月皇太后王氏崩

秋八月韋貫之罷爲吏部侍郎

葬莊憲皇后

制削王承宗官爵發兵討之

吐蕃請互市許之

吐蕃贊普死新贊普可黎足立

南詔勸龍晟爲其下所殺

勸龍晟淫虐不道其臣王嵯巔弒之立其弟勸利

冬十一月以柳公綽爲京兆尹

十二月以王涯同平章事

以李愬爲唐鄧節度使 李愬洮州臨潭人晟之子也

丁酉 十有二年

春三月

淮西文城柵降 因丁士良而得文城柵守吳秀琳因吳秀琳知有李祐

夏四月

淮西郾城降 郾城令董昌齡聽母順死賢于逆生之言遂舉城降○李文城降而後得李祐郾城降而後蔡兵盡萃于洄曲此李愬之所以成功也

五月

罷河北行營 欲併力取淮西也

李愬擒淮西將李祐

六月

秋七月

九月以崔羣同平章事

李逢吉罷

冬十月李愬夜襲蔡州擒

吳元濟檻送京師

以李鄘同平章事

裴度入蔡州

吳元濟請降（爲其將董重質所制不得出）

以孔戣爲嶺南節度使（冀州人先聖三十八世孫）

以裴度兼彰義節度使充淮西宣慰招討使（度奏刑部侍郎馬總爲宣慰副使韓愈爲行軍司馬）

李愬攻吳房入其外城（吳房汝南縣名）

李愬夜襲蔡州擒吳元濟檻送京師

裴度入蔡州

十一月上御門受俘誅吳元濟
賜李愬爵涼國公韓宏等遷官有差
十二月賜裴度爵晉國公復入知政事

戊戌十有三年
春二月修麟德殿浚龍首池起承暉殿
李鄘罷爲戶部尚書
以李夷簡同平章事
夏四月賜六軍辟仗使印
五月
六月朔日食

賜李愬爵涼國公韓宏等遷官有差
以宦者爲館驛使
以李祐爲神武將軍

賜裴度爵晉國公復入知政事

王承宗納質請吏復獻二州詔復其官爵

以李光顏爲義成節度使

秋七月李夷簡罷爲淮西節度使

八月王涯罷

以皇甫鎛程异同平章事

鎛异皆佞巧小人豈可爲相裴度諫之不聽

冬十一月

己亥 十有四年

春正月遣中使迎佛骨至京師貶韓愈爲潮州刺史

二月

以李愬爲武寧節度使

吐蕃寇夏州

貶韓愈爲潮州刺史

因表諫迎佛骨也

平盧都將劉悟執李師道斬之

自是淄青等十二州皆平自廣德以來垂六十年藩鎮跋扈河南北三十

夏四月詔諸道支郡兵馬並令刺史領之

自秦人郡縣天下其權悉制于天子太宗造唐嘗欲講封建而卒不行然自中世以後遂有藩鎮之禍肅代德順旰食不支至元和號爲中興亦且因仍不改故兩河復失

程异卒

裴度罷爲河東節度使

秋七月羣臣請上尊號

以令狐楚同平章事

八月以韓宏爲司徒兼中書令

以劉悟爲義成節度使

餘州自除官吏不供貢賦至是悉遵朝廷約束矣

程异卒

魏博節度使田宏正入朝

冬十月崔羣罷爲湖南觀察使

庚子 十有五年

春正月上暴崩于中和殿

閏月太子卽位

唐世宦官弒君立君始此內常侍陳宏志弒逆也

按憲宗志平僭亂所向有功眞中興之主矣然有二病焉一任宦閹一好進奉綱目終憲之世非是無譏者末年信惑異端身陷大禍豈不重可惜哉

貶皇甫鎛爲崖州司戶

蕭俛段文昌同平章事

尊貴妃郭氏爲皇太后

后郭曖之女也

皇甫鎛貶爲崖州司戶

吐蕃寇鹽州

上與羣臣皆釋服　君弒不討賊踰月皆釋服又且因肆赦而戚陳倡戲焉人倫滅矣

二月大赦天下

夏五月

六月葬景陵　在西安府蒲城縣南三十里金幟山

太后居興慶宮

秋七月令狐楚罷

八月以崔植同平章事

九月大宴　曹操卒未半年而曹丕饗士則書大憲宗弒未十月而穆

以柳公權爲翰林侍書學士

以元稹爲祠部郎中知制誥

宗設宴則書大
皆罪其無父也

冬十月帝幸華清宮

成德節度使王承宗吐蕃寇涇州
卒詔以田宏正代之
王承元為義成節度
使

穆宗皇帝

名恆憲宗子在位
四年壽三十歲

辛丑

長慶元年

春正月詔河北諸道各均
定兩稅

蕭俛罷

段文昌罷以杜元穎同
平章事

回鶻保義可汗死

夏五月

以太和長公主妻回
鶻

遣使冊回鶻崇德可
汗以太和長公主妻
之

秋七月

冬十月以王播同平章事 播爲相傳以承迎爲事未嘗言國家安危

壬寅 二年

春正月

二月崔植罷以元稹同平章事

成德兵馬使王庭湊殺節度使田宏正起復田布爲魏博節度使討之

詔諸道討王庭湊以牛元翼爲深冀節度使庭湊圍深州 庭湊王武俊義子

以裴度爲鎭州行營都招討使

魏博將史憲誠殺其節度使田布以憲誠爲節度使

以王庭湊爲成德節度使遣兵部侍郎韓愈宣慰其軍

以裴度爲司空東都留
守
三月詔裴度輔政
王播罷
夏四月朔日食
六月裴度罷爲右僕射元
稹罷爲同州刺史
以李逢吉同平章事
冬十一月太后幸華淸宮
上畋于驪山
十二月立景王湛爲皇太
子

癸卯 三年
春三月以牛僧孺同平章
事

夏五月

六月以韓愈爲京兆尹

秋八月帝幸興慶宮

九月復以韓愈爲吏部侍郎

以柳公綽爲山南東道節度使

以裴度爲司空山南西道節度使

南詔勸利卒弟豐祐立在位三十六年

甲辰 四年

春正月帝崩太子卽位

二月尊皇太后爲太皇太后上母王妃爲皇太后

幸中和殿擊毬

夏五月以李程竇易直同平章事

六月加裴度同平章事

冬十一月葬光陵在西安府蒲城縣北二十里堯山

十二月

敬宗皇帝名湛穆宗子在位二年壽十八歲

乙巳 寶曆元年

春正月赦

二月浙西觀察使李德裕獻丹扆六箴一曰宵衣二曰正服三曰罷獻四曰納誨五曰辨邪六曰防微

夏四月羣臣上尊號大赦

秋七月鹽鐵使王播進羨

牛僧孺罷爲武昌節度使

回鶻崇德可汗死

冊回鶻昭禮可汗

餘絹百萬匹

羨餘有獻此唐人大弊也一鹽鐵使而進絹至百萬匹掊斂至此可謂極矣斯民何其不幸耶

造競渡船

八月

冬十一月帝幸驪山温湯

十二月

丙午 二年

春二月以裴度爲司空同平章事

三月罷修東都

昭義節度使劉悟卒

以劉從諫爲昭義留後

以李絳爲太子少師分司

秋九月李程罷

冬十一月李逢吉罷

十二月宦官劉克明等弒帝于室內立絳王悟王守澄等討克明殺悟立江王涵更名昂

唐宦官弒君立君再見于此

尊帝母蕭氏爲皇太后

以韋處厚同平章事

出宮人放鷹犬省冗食

罷別貯宣索

李程罷爲河東節度使

按敬宗二年間所紀多善政其惡在于狎暱羣小好戲遊妄賜予而已然裴度無能改于其德而卒以宴昵遇弒然則晏安之爲鴆毒可不戒哉

丁未 太和元年 名涵更名昂穆宗子在位十四年壽三十二歲

夏四月韋處厚請避位不許

五月

六月以王播同平章事 播入朝以貢獻得宰相

秋七月葬莊陵 在西安府三原縣西北五里陪葬悼懷太子

冬十一月

戊申 二年

以李同捷為兗海節度使 橫海節度使全略之子

兗海節度使李同捷不受詔八月削其官爵發諸道兵討之

橫海節度使烏重胤卒

春三月親策制舉人

賢良方正劉蕡對策極言其禍有曰忠賢無腹心之寄閽寺持廢立之權等語考官畏宦官不敢取李郃曰劉蕡下第我輩登科能無厚顏

冬十二月中書侍郎同平章事韋處厚卒

唐宰相之卒自杜黃裳後更歷四朝二十餘年至處厚始見其官亦可以知其選矣

以路隋同平章事

己酉 三年

春正月

二月

王庭湊陰以兵糧助李同捷秋九月詔削其官爵命諸軍討之

韋處厚卒

魏博軍亂

李同捷軍勢日蹙王庭湊不能救乃遣人說魏博大將亓志紹使殺史憲誠父子取魏博志紹遂作亂詔發義成軍討之

義成節度使李聽討魏博亂軍平之

橫海節度使李祐帥諸道兵擊李同捷破

夏四月

六月

秋八月以李宗閔同平章事

九月命宦官毋得衣紗縠綾羅

冬十一月禁獻奇巧及織纖麗布帛

庚戌 四年

春正月以牛僧孺同平章事

之

李同捷降滄景平

魏州軍亂殺其節度使史憲誠推何進滔知留後以拒命

以何進滔為魏博節度使

赦王庭湊復其官爵 庭湊因鄰道微露請服之意遂赦之

南詔寇成都入其郛

事

二月

三月

夏六月以裴度爲司徒平章軍國重事度以老疾辭位故有是命詔三五日一入中書

秋七月以宋申錫同平章事

九月以裴度爲山南東道節度使初度征淮西奏李宗閔爲判官由是漸獲進用至是怨度

興元軍亂殺節度使李絳

以柳公綽爲河東節度使

以温造爲山南西道節度使討亂兵平之

冬十月

黨李德裕因其謝病出之

以李德裕爲西川節度使

辛亥 五年

春三月

貶漳王湊爲巢縣公宋申錫爲開州司馬

上與申錫謀誅宦官宗北尹王璠洩其謀王守澄等誣申錫欲立漳王故貶之

夏五月命有司葺太廟

李德裕索南詔所掠百姓得四千人

晉得秦南鄉十二郡書劉裕唐得南詔所掠四千人書德裕皆歸功得之者也

秋九月

吐蕃將悉怛謀以維州來降不受

維州唐之故土陷于吐蕃者李德裕降之牛僧孺卻之

而牛李之是非已可見矣

壬子　六年

春正月以水旱降繫囚

羣臣上尊號不受

冬十月立魯王永爲皇太子

十二月牛僧孺罷爲淮南節度使

回鶻昭禮可汗爲其下所殺從子胡特勒立

昭義節度使劉從諫入朝

以李德裕爲兵部尚書

癸丑　七年

春正月加劉從諫同平章事遣歸鎮

二月以李德裕同平章事

夏四月
六月李宗閔罷以王涯同
平章事兼度支鹽鐵轉
運使
秋八月詔諸王出閤
停進士試詩賦
冬十二月羣臣上尊號不
受
上有疾

甲寅 八年
春二月朔日食
冬十月以李宗閔同平章
事
李德裕罷爲山南西道
節度使
令進士復試詩賦

諸王出閤

冊回鶻彰信可汗

十一月

成德節度使王庭湊卒其子元逵自知留後

乙卯 九年

春正月

以王元逵為成德節度使

夏四月路隋罷以賈餗同平章事

五月

以宦者仇士良為神策中尉

六月貶李宗閔為明州刺史

秋七月以李固言同平章事

宦者陳宏志伏誅 李訓為上謀討元和之亂也

李固言罷為山南西道節度使以舒元輿李訓

同平章事
冬十月加裴度兼中書令
十一月李訓舒元輿鄭注等謀誅宦官不克以鄭覃李石同平章事仇士良殺訓注元輿及王涯賈餗等甘露之變文宗失于用小人之謀故其禍至此
十二月以薛元賞爲京兆尹

殺王守澄李訓鄭注請之也于是元和之逆黨略盡矣

丙辰 開成元年
春二月詔京兆收葬王涯等

加劉從諫檢校司徒因從諫疏王涯等被誣幷暴揚仇士良

	夏四月以李固言同平章事 秋七月復宋申錫官爵		良罪惡士良等懼乃加檢校司徒	
丁巳 二年	春三月彗星出 間二歲而以大變書矣 夏四月以陳夷行同平章事 冬十月國子監石經成 李固言罷		以柳公權爲諫議大夫	
戊午 三年	春正月盜射傷李石 以楊嗣復李珏同平章事 李石罷爲荊南節度使			

冬十月太子永暴卒

唐無父子之恩是以儲貳多不安其位文宗惟一子不思繼體之重擇賢師傅以教誘之乃聽楊賢妃譖毀卒不免死晚年不得已立兄子又為中人廢殺之傳至武宣立不以正遂有兄弟不相為後之議拜姪之嫌雖身後入太廟亦不能自安皆文宗有以自取之文宗果能恤其子必不至于若是也

己未

四年

春三月司徒中書令晉公裴度卒

諡文忠

晉公裴度卒

度鎮河東以疾求歸東都詔入知政事正月至京師不能入見勞賜旁午至是薨上怪度無遺表問其家得半藁以儲嗣未定為憂言不及私度身貌不踰中人而威望遠達四夷四夷見唐使輒問度老少用捨以身繫國

吐蕃彝泰贊普死弟達磨立

夏五月鄭覃陳夷行罷以崔鄲同平章事

冬十月立陳王成美爲皇太子

成美敬宗少子

是歲天下戶數四百九十九萬六千七百五十二

自廣德甲辰書天下戶口之數二百九十餘萬至是六十六年所增者二百萬耳甫及天寶之半生聚之難如此

庚申 五年

春正月立潁王瀍爲皇太弟廢太子成美爲陳王

家輕重如郭子儀者二十餘年

回鶻相掘羅勿弑彰信可汗

國人立盍馺特勒爲可汗會歲疫大雪羊馬多死回鶻遂衰

宦官仇士良魚宏志以太子之立功不在己乃言太子幼且有疾矯詔立瀍爲皇太弟以成美復爲陳王

帝崩太弟瀍殺陳王成美遂卽位

賀善贊曰文宗恭寬勤儉多可紀者然深惡朋黨而不知所辨欲去宦官而不知所倚篇中所載非二李之出入卽訓注之始末也至于太子暴薨而不書暴太弟矯詔立而不書矯綱目尤不滿焉

唐文宗開成五年

夏五月楊嗣復罷以崔珙同平章事

秋八月葬章陵在西安府富平縣西北二十里天乳出

九月李珏罷以李德裕同平章事

冬十月蕭太后徙居積慶殿

魏博節度使何進滔卒子重順知留後

黠戛斯攻回鶻破之回鶻嗢沒斯款塞求內附

武宗皇帝 名瀍文宗弟在位六年壽三十三歲

辛酉 會昌元年

春二月

三月以陳夷行同平章事

夏六月詔羣臣言事毋得乞留中

上受法籙于趙歸真

秋九月以牛僧孺爲太子

回鶻立烏介可汗

殺知樞密劉宏逸薛季稜貶楊嗣復李珏爲遠州刺史裴夷直驩州司馬

以何重順爲魏博節度使 賜名宏敬

太師 冬十一月遣使訪問太和公主 崔鄲罷			
十二月			遣使慰問回鶻烏介可汗
壬戌二年 春正月		以張仲武爲盧龍節度使	
二月以李紳同平章事		以柳公權爲太子詹事	
三月		以劉沔爲河東節度使	
夏四月羣臣上尊號			嗢沒斯帥衆來降
五月陳夷行罷以李讓夷同平章事			以嗢沒斯爲懷化郡王

秋八月	冬十一月	癸亥 三年 春正月	二月朔日食 崔珙罷	夏四月李德裕乞罷不許 以崔鉉同平章事 築望仙觀于禁中	六月
	遣使賜太和公主冬衣	迎太和公主歸	太和公主至京師		
以白敏中爲翰林學士		劉沔大破回鶻迎太和公主以歸		昭義節度使劉從諫卒其子稹自爲留後詔諸道討之	內侍監仇士良致仕 宦官未有書致仕者書士良何病唐也
回鶻入寇詔諸道討之	吐蕃達磨贊普死		黠戛斯遣使獻馬		吐蕃論恐熱攻尚婢婢于鄯州 吐蕃之俗不言姓官族皆曰尚王族皆曰論

秋九月

冬十月

十一月

以兖王岐爲安撫党項大使李回副之（岐皇子）

以劉沔爲義成節度使李石爲河陽節度使

吐蕃尚婢婢遣兵擊論恐熱大破之

甲子　四年

春三月朔日食

以趙歸真爲道門教授先生

夏六月詔減州縣冗官

秋七月以杜悰同平章事

以劉沔爲河陽節度使

詔削仇士良官爵籍沒家貲（得兵仗數千）

黠戛斯遣使入貢

閏月李紳罷
八月加李德裕太尉賜爵衛國公
冬十一月貶牛僧孺爲循州長史流李宗閔于封州
乙丑五年
春羣臣上尊號義安太后王氏崩
夏五月葬恭僖皇后
杜悰崔鉉罷以李回同平章事
秋七月朔日食
詔毀天下佛寺僧尼並勒歸俗

邢洺磁三州降郭誼斬劉稹以降

冊黠戛斯爲英武誠明可汗

佛教于是三黜矣

冬十月以道士劉玄靜爲崇玄館學士

十二月是歲天下戶數四百九十五萬五千一百五十一

自開成四年至是六年戶數減去四萬一千六百非有水旱也其以河北用兵故與

丙寅 六年

春三月立光王忱爲皇太叔帝崩太叔卽位

謹按夏后氏有天下傳於子爲百王不易之法是以三代盛時父死子繼兄亡弟及昭穆有序親親尊尊家齊國治天下平矣周懿王崩父共王弟辟方立爲孝王孝王叔父也臣也懿王兄子也君也親親不害于尊尊君

吐蕃論恐熱擊尚婢婢大敗

臣之分固在也春秋有事于太廟躋僖公謂之逆祀臧文仲縱逆祀孔子譏之唐武宗疾篤宦官定策禁中立光王忱爲皇太叔是時武宗不言旬日矣非武宗立之也立之者宦官也武宗崩太叔即位爲宣宗宣宗叔父也藩王也臣也帝崩子幼藩王入承統可也君臣之分則不可紊既曰叔矣加以皇太之號是親親害尊尊也古無是號自宣宗始夫爲之後者爲之子禮也春秋之法僖公父視閔公則宣宗當父視武宗明矣宣嘗臣于武晚年讒臣建議直欲出其在廟之主其言曰拜兄尚可拜姪可乎彼不知宗廟之禮嗣君拜先君非叔拜姪也獨不考孝王承懿王之統文仲縱逆祀之譏乎今故追原終始當書曰帝崩光王忱入即位據事直書以著藩王入承統之義而去宦者所定不正之名也

夏四月尊帝母鄭氏爲皇
太后
李德裕罷爲荊南節度
使
趙歸真等伏誅五月詔
上京增置八寺復度僧

尼

以白敏中同平章事

六月定太廟爲九代十三室

秋七月

八月葬端陵 在西安府三原縣東一十里陪葬王賢妃其母韋太后陵在咸寧縣東

以牛僧孺爲衡州長史李宗閔爲郴州司馬 僧孺宗閔及崔珙楊嗣復李珏等五相皆武宗所貶逐至是同日北遷宗閔未行而卒

九月鄭肅罷以盧商同平章事

回鶻殺烏介可汗而立其弟遏捻

龍冊黠戛斯可汗使

冬十月禘于太廟
帝受三洞法籙
十二月朔日食

宣宗皇帝 名忱憲宗子在位十三年壽五十歲

丁卯大中元年
春二月旱
以李德裕爲太子少保分司 初武宗欲相白居易德裕沮之引居易從弟敏中爲學士至是敏中爲相爲其兄修怨竭力排之使其黨訟德裕罪卒至貶于崖州
盧商罷以崔元式韋琮同平章事

閏月敕復廢寺
積慶太后蕭氏崩
夏六月
秋八月李回罷
葬貞獻皇后
作雍和殿親睦兄弟作雍和殿于十六宅
冬十二月貶李德裕爲潮州司馬

戊辰二年
春正月羣臣上尊號
二月作五王院

以令狐綯爲考功郎中知制誥綯楚之子華原人

以令狐綯爲翰林學

復遣使冊黠戛斯可汗

吐蕃寇河西河東節度使王宰擊破之王宰以沙陀朱邪赤心爲前鋒戰于鹽州破走之

處皇子之幼者

夏五月朔日食

崔元式罷以周墀馬植同平章事

太皇太后郭氏暴崩于興慶宮

據胡氏管見當書帝弒太皇太后郭氏于興慶宮以著宣宗弒嫡母之罪

秋九月貶李德裕爲崖州司戶

冬十一月葬懿安皇后于景陵之側

郭后汾陽王之孫憲宗之元妃穆宗之嫡母敬宗文宗武宗之祖母歷五朝母儀天下宣宗初政乃以庶子弒其嫡

萬壽公主適起居郎鄭顥

母又不合葬祔饗尚可以君天下乎

韋琮罷

己巳 三年

春二月

夏四月周墀罷爲東川節度使以崔鉉魏扶同平章事

冬閏十一月加順宗憲宗諡號

李德裕卒

庚午 四年

夏四月貶馬植爲常州刺史

李德裕卒

裴度德裕皆唐賢相大中以後無有能繼之者德裕才優乎度而德器不及是以度雖爲小人所傾而能以功名終德裕一失勢而斥死海上也

吐蕃三州七關來降

	六月魏扶卒以崔龜從同平章事 冬十月以令狐綯同平章事		魏扶卒	
辛未 五年	春二月 三月以白敏中充招討党項都統制置使 夏五月 冬十月以魏謩同平章事 十一月崔龜從罷		以裴休爲鹽鐵轉運使	吐蕃論恐熱入朝
壬申 六年	春三月		詔大將軍鄭光賜莊免稅役尋罷之	

夏六月

秋八月以裴休同平章事

冬十月

十二月復禁私度僧尼

以畢諴為邠寧節度使 諴偃師人搆之從孫也上與論邊事諴援古據今具陳方略上悅曰不意頗牧近在禁中卿其為朕行乎

畢諴招諭黨項降之

癸酉 七年

冬十二月度支奏歲入之數 錢九百二十五萬緡內五百五十萬緡租稅八十二萬餘緡搉酤二百七十八萬餘緡鹽利

以鄭光為右羽林統軍 終不復任以民官

甲戌 八年

春正月朔日食罷元會

冬十月詔雪王涯賈餗等

乙亥九年

春正月

成德節度使王元逵卒軍中立其子紹鼎爲留後

秋七月崔鉉罷

丙子十年

春正月以鄭朗同平章事

夏五月以韋澳爲京兆尹

六月裴休罷

冬十一月詔議遷穆宗以下出太廟

冊回鶻爲懷建可汗

以崔慎由同平章事

詔內園使李敬實剗色配南牙

內侍有衣黃衣綠衣緋衣紫者剝色謂剝降服色而配役

丁丑 十有一年 春二月魏謩罷爲西川節度使 秋七月以蕭鄴同平章事 八月 冬十月鄭朗罷 遣使迎道士軒轅集于羅浮山		成德軍節度使王紹鼎卒軍中立其弟紹懿	
戊寅 十有二年 春正月以劉瑑同平章事 二月崔慎由罷 夏四月以夏侯孜同平章事		嶺南軍亂	

事

五月劉瑑卒

劉瑑卒

湖南軍亂逐觀察使

韓琮

六月

江西軍亂逐觀察使

鄭憲

秋七月河南北淮南大水盜賊之陰兆矣是時龐勛亂徐州芝巢起山東而唐遂以亡變不虛生信哉

宣州軍亂逐觀察使

鄭薰

冬十二月以蔣伸同平章事

己卯十有三年

夏四月

以廣德公主適校書郎于琮

武寧軍亂

秋八月帝崩鄆王漼即位初上長子鄆王温無寵愛第三子夔王滋欲以爲嗣爲其非次故久不建東宮上餌李

唐懿宗咸通元年

玄伯等藥疽發于背密以夔
王屬王歸長等三人使立之
獨中尉王宗實素不同心三
人謀出宗實爲淮南監軍宗
實已受敕將出副使丌元實
謂曰天子不豫踰月中尉何
不一見而出乎宗實悟入至
寢殿上已崩宗實叱歸長等
責以矯詔皆捧足乞命乃迎
鄆王立爲太子更名漼取歸
長等殺之太子卽位是爲懿
宗

尊皇太后爲太皇太后

冬十一月蕭鄴罷以杜審
權同平章事

令狐綯罷以白敏中同
平章事

懿宗皇帝

名漼宣宗子在位十
四年壽四十一歲

南詔豐祐卒子酋龍
立僭號皇帝國號大
禮遣兵陷播州

庚辰 咸通元年

春正月葬貞陵 在西安府涇陽縣西北七十里仲山內

三月

夏六月

秋九月以白敏中爲司徒中書令

冬十月追復李德裕官爵贈左僕射

夏侯孜罷以畢諴同平章事

浙東賊裘甫作亂 初裘甫陷象山官軍屢敗于是諸道雲集衆至三萬餘鑄印改元自稱天下都知兵馬使聲振中原

以王式爲浙東觀察使發諸道兵討裘甫破之

王式擒裘甫送京師斬之 甫雖破滅而龐勛芝巢之禍接踵而至唐遂不支

辛巳 二年	春正月白敏中罷以杜悰同平章事			
壬午 三年	春正月羣臣上尊號 蔣伸罷 夏四月置戒壇度僧尼 五月 秋七月以夏侯孜同平章事		分嶺南東西二道以韋宙蔡京爲節度使 徐州軍亂逐節度使溫璋詔以王式代之 蔡京伏誅 京爲政苛慘軍士逐之貶崖州司戶不肯之官敕賜自盡	
癸未 四年	春正月			南詔陷交阯經略使

二月朔上歷拜十六陵

夏四月畢諴罷爲兵部尚書諴以同列多徇私不法稱疾辭位

五月以楊收同平章事收與中尉楊玄价敘宗相結故得爲相

杜審權罷

六月杜悰罷以曹確同平章事

秋七月朔日食

甲申 五年

春三月彗星出長三尺○胡氏曰彗卽孛也孛言其氣彗言其象氛祲孛

蔡襲死之

孛如彗掃然其光芒長大者其禍緩短而急者其禍促三尺言其短也禍促必矣

夏四月以蕭寘同平章事

秋七月

冬十一月夏侯孜罷以路巖同平章事

乙酉 六年

春正月始以懿安皇后配饗憲宗

郭太后失所久矣至是始配饗所以著宣宗之罪也

三月蕭寘卒以高璩同平章事

以康承訓為將軍分司高駢為嶺南西道節度使

蕭寘卒

夏六月高璩卒以徐商同平章事		高璩卒	
冬十月太皇太后鄭氏崩			
丙戌 七年 春三月 夏五月葬孝明皇后 葬于景陵之側祔于別廟		成德節度使王紹懿卒復歸政于其兄紹鼎之子景崇	
六月		高駢大破南詔蠻復取交阯	
冬十月楊收罷 楊玄价受方鎮之賄屢有請托收不能盡從故出之		以高駢爲靜海軍節度使	吐蕃拓跋懷光斬論恐熱傳首京師
十二月			黠戛斯遣使入貢
丁亥 八年 春二月		歸義節度使張義潮	

秋七月以于琮同平章事

入朝

懷州民逐刺史劉仁規

上元以來書牙將逐其上矣未有役卒逐其上者至元和之末有之未有民逐其上者至是書民逐刺史而唐之紀綱大壞矣

戊子 九年

秋七月

桂州士卒作亂判官龐勛將之冬十月陷宿徐州因觀察使崔彥曾十一月詔康承訓發諸道兵討之

初南詔陷安南敕徐泗募兵二千赴援分八百人別戍桂州初約三年一代至是戍桂者已六年屢求代還徐泗觀察使崔彥曾以軍帑空虛不能發兵請令更戍一歲戍兵聞之怒推龐勛爲主劫庫兵北還

己丑十年 春正月		以同昌公主適右拾遺韋保衡 郭淑妃之女上特愛之貲送無數	
二月			康承訓大敗賊將王宏立于鹿塘 塘在開封府襄城縣地
夏四月			龐勛殺崔彥曾自稱天冊將軍與官軍戰大敗 馬舉救泗州殺賊將王宏立泗州圍解
六月	徐商罷以劉瞻同平章事		陝民作亂逐觀察使崔蕘
秋八月			賊將張玄稔以宿州降引兵進平徐州
冬十月			以張玄稔為驍衛大將軍康承訓為河東

節度使杜慆爲義成節度使朱邪赤心爲大同軍節度使賜姓李名國昌辛讜爲亳州刺史

自至德末復故太守爲刺史王是書以爲刺史者五十六惟李勉張萬福劉澭傳良弼李芥李行言李君奭于延齡辛讜爲賞功曹王皋李宗閔爲量進李納田融烏重胤王弁張元益不得已而授之齊總以賄柳泌以左道其餘皆貶出者自是以至唐士書以爲刺史者十有四多武將也以貶出爲之者又寡矣

貶康承訓爲恩州司馬

庚辰 十有一年

春正月羣臣上尊號

三月曹確罷以韋保衡同平章事

夏五月

秋八月

九月貶劉瞻爲驩州司戶

冬十一月以王鐸同平章事

十二月

辛卯十有二年

春正月

夏四月路巖罷

五月帝幸安國寺 爲公主也

同昌公主卒

葬文懿公主 葬具奢靡譏厚費也

光州民逐刺史李弱翁 三年三書民逐其上俱以見民罹暴虐無所赴愬之弊也

以李國昌爲振武節度使

冬十月以劉鄴同平章事

壬辰 十有三年

春正月

二月于琮罷以趙隱同平章事

夏五月貶于琮爲韶州刺史

秋八月

癸巳 十有四年

春正月遣使迎佛骨

夏四月至京師

幽州節度故張允伸卒以其子簡會爲留後

歸義節度使張義潮卒以其長史曹義金代之

憲宗迎佛骨尋晏駕懿宗迎佛骨不三月而亡奉佛之效如是可不鑒諸

六月王鐸罷

韋保衡挾恩弄權王鐸薄其爲人故譖而逐之

秋七月帝崩普王儼卽位

儼懿宗少子時年十二因中尉劉行深等之議踰越四兄驀然卽位遂以亡唐

九月貶韋保衡尋賜死

冬十月以蕭倣同平章事

十一月貶路巖爲新州刺史

僖宗皇帝

名儼懿宗少子在位十五年壽二十七歲

韋保衡卒

甲午 乾符元年

春正月關東旱饑賜路巖死

二月葬簡陵（在西安府富平縣西北四十里紫金山）

趙隱罷以裴坦同平章事

夏五月裴坦卒以劉瞻同平章事

秋八月劉瞻卒以崔彥昭同平章事

冬十月劉鄴罷以鄭畋盧攜同平章事

十一月羣臣上尊號

路巖卒

裴坦卒

劉瞻卒

魏博節度使韓允中

遣使冊回鶻可汗

乙未 二年

春正月

夏四月

五月蕭倣卒

六月以李蔚同平章事

卒 允中韓雄賜名也子簡為留後

濮州人王仙芝作亂起于長垣 今大名府開州

以高駢為西川節度使

以宦者田令孜為中尉 上為普王時小馬坊使田令孜有寵及即位遂擢為中尉

浙西鎮遏使王郢作亂陷蘇常州

蕭倣卒

王仙芝陷濮曹州冤句人黃巢聚衆應之

丙申 三年

春二月令天下鄉村各置弓刀鼓板以備羣盜 足以貽千古之笑也

三月崔彥昭罷以王鐸同平章事

夏六月雄州地震裂水涌出 故城在寧夏衛靈州城西南

秋七月

諸道行營招討使宋威擊王仙芝于沂州大破之

巢曹州冤句人善騎射喜任俠頗通書傳屢舉進士不第遂與仙芝共販私鹽至是聚衆應之

九月朔日食

高駢築成都羅城
王仙芝寇淮南諸州
以王仙芝爲神策押
牙不受

丁酉 四年

春二月

王郢陷明台州
王仙芝陷鄂州
黃巢陷鄆州

南詔酋龍卒子法立
請和許之

閏月

王郢衆降郢走明州
敗死

夏四月朔日食

王仙芝黃巢圍宋州

秋七月

冬十一月

王仙芝遣尙君長請
降宋威執之以獻斬
之
黃巢陷濮州

戊戌 五年

月			
春正月		王仙芝寇荊南招討副使曾元裕大破王仙芝于申州詔以爲招討使 大同軍亂殺防禦使段文楚推李克用爲留後	
二月		曾元裕大破王仙芝于黃梅斬之 黃巢自稱衝天大將軍陷沂濮掠宋汴	
夏四月詔河南貸商稅富人錢穀除官有差		以李國昌爲大同節度使國昌不奉詔 朝廷以克用據雲中以李國昌爲大同節度使國昌欲父子并據兩鎮得制書毀之與克用合兵攻寧武及岢嵐軍	南詔請和親
五月鄭畋盧攜罷以豆盧瑑崔沆同平章事			

六月

以高駢爲鎮海節度使

秋七月

九月李蔚罷以鄭從讜同平章事

黃巢入浙東

己亥六年

春正月

夏四月朔日食

以王鐸爲行營招討都統

高駢遣將分道擊黃巢巢趣廣南

秋七月

黃巢陷廣州

是時高駢奏請遣兵馬使張璘于郴州守險王重任于循潮二州邀遮自將萬人自大庾嶺趣廣州擊黃巢巢必逃遁乞敕王鐸以兵三萬守梧昭桂永之險如此良策可惜不用又復

移鎮淮南其精銳已自銷耗不復能振矣

冬十月

以高駢爲淮南節度使

山南東道節度使劉巨容大破黃巢于荊門

十一月王鐸罷以盧攜同平章事

庚子廣明元年春正月

沙陀寇忻代逼晉陽

河東軍亂殺節度使康傳圭

二月

殺左拾遺侯昌業以昌業諫上專務遊戲賞賜無度也

三月

以高駢爲諸道行營都統

夏四月		以李琢爲蔚朔節度使	
六月		黃巢陷宣州	遣宗正少卿李龜年與南詔和親
秋七月		黃巢渡江李可舉討李克用大破之李琢討李國昌敗之國昌克用逃走韃靼 黃巢渡淮	
冬十月		黃巢陷申州入潁宋徐兗之境	
十一月		黃巢陷東都 以秦宗權爲蔡州刺史	
十二月以王徽裴澈同平章事		黃巢入潼關 以黃巢爲天平節度使	

上走興元
以黃巢入長安也

鳳翔節度使鄭畋合鄰道兵討賊

車駕至興元詔諸道出兵收復京師

義成節度使王處存舉兵入援

河東節度使王重榮舉兵入援

辛丑 中和元年

春正月上幸成都以蕭遘同平章事

二月以王鐸同平章事

黃巢入長安

黃巢僭號稱大齊皇帝改元金統

黃巢遣朱溫攻河中節度使王重榮與戰大破之遂入援
朱溫碭山人少孤貧與兄全昱依蕭縣劉崇家崇數笞之崇母獨憐之戒家人曰朱三非常人汝曹善遇之

加高駢東面都統
上遣使趣駢討黃巢道路相望駢終

三月以鄭畋爲京城四面諸營都統

鄭畋傳檄天下合兵討賊

夏四月

五月

六月以鄭畋爲司空同平

不出兵

朱溫陷鄧州

赦李克用遣李友金召之

友金欲入援募得兵三萬餘皆雜胡屯于崞西兵暴横不能制乃言于監軍陳景思曰吾兄司徒父子勇略過人爲衆所服請奏天子赦其罪召以爲帥則代北之人一呼響應賊不足平也景思遣使言之詔如所請

官軍入長安黃巢走還襲之復據長安

高駢移檄討賊出屯東塘

晉丞相睿無北伐之志則出師露次高駢無討賊之義則出屯東塘皆著其不急君之罪也

李克用陷忻代州

章事都統如故

秋七月以韋昭度同平章事

八月星交流如織或大如杯椀

西晉之末五胡之亂其應甚慘今星交流如織或大如杯椀自己丑夜至丁酉始止可謂變異之甚矣自是而後兵禍滋熾宇縣分裂歷五代八姓而後已天戒豈不明哉

九月

殺左拾遺孟昭圖

上日夕專與宦官同處待外臣殊薄孟昭圖上疏田令孜屏不奏矯詔貶爲嘉州司戶使人沉于蟇頤津○按前殺昌業猶在播越之前今則逃竄失國亦可少知自警仍復如此欲不亟亡得乎

壽州人王緒作亂陷光州

緒壽州居者聚衆爲盜據本州月餘復陷光州秦宗權表爲光州刺史固始縣佐王潮及弟審邽審知皆以材氣知名緒以潮爲軍正信用之

南詔上表款附

高駢罷兵還府

冬十月鄭畋赴行在李昌言作亂也

裴澈罷

十二月

鳳翔行軍司馬李昌言作亂

武陵蠻雷滿等寇陷朗衡澧州

壬寅二年

春正月以王鐸爲諸道行營都統

二月以鄭畋爲司空同平章事

朱溫據同州

李克用寇蔚州前已赦而召之矣今旣昭忻代復犯蔚州是賊而已矣故書寇

夏四月王鐸以諸道兵逼長安官軍四集巢勢日蹙號令所行不出同華

秋九月

朱溫以華州降王鐸

冬十月		以爲同華節度使
		以朱温爲河中行營招討副使賜名全忠賜名不書其美書甚惡書書全忠甚惡也
十一月		李克用將沙陀趨河中應王鐸墨敕之召也
十二月		以李克用爲鴈門節度使
癸卯三年春正月以王鐸爲義成節度使		李克用敗賊將黃揆于沙苑王鐸以克用爲東北面行營都統以宦者田令孜爲十軍十二衛觀軍容使魏博節度使韓簡寇鄆州及河陽其將樂

三月

夏五月

六月

秋七月鄭畋罷爲太子太保

以裴澈同平章事

行達殺之詔以爲留後賜名彥禎

李克用圍華州黃巢遣尚讓救之克用逆戰破之

李克用破黃巢收復長安克用時年二十八于諸將最少而兵勢最強破黃巢復長安功第一諸將皆畏之一目微眇時人謂之獨眼龍

黃巢取蔡州節度使秦宗權降之合兵圍陳州

以朱全忠爲宣武節度使

左驍衛上將軍楊復光卒于河中

年月	事	
	張承業以忠則卒具官楊復光以功則卒具官中官具官卒終綱目二人而已	
冬十月	李克用取潞州	以宗女妻南詔
十二月	朱全忠據亳州	
甲辰四年春二月	東川節度使楊師立反詔以高仁厚爲留後討之	
夏四月	李克用會許汴徐兗之軍于陳州黃巢退走	
五月	黃巢趣汴州李克用等追擊大破之尙讓帥衆降巢收餘衆奔兗州 李克用至汴州朱全	

忠襲之克用走還

六月

東川將吏斬楊師立以降詔以高仁厚爲節度使

尚讓敗黄巢于瑕邱賊黨斬巢以降

秋七月

時溥獻黄巢首

李克用表乞討朱全忠詔諭解之

八月

進李克用爵爲隴西郡王

冬十二月盜殺中書令王鐸

盜殺王鐸 鐸太原人播之弟

乙巳 光啓元年

春正月車駕發成都

詔招撫秦宗權

王緒陷汀漳二州

三月車駕至京師

夏六月

秋七月

八月

冬十月

十二月上奔鳳翔（李克用進逼京師也）

秦宗權僭號詔以時溥爲行營都統討之

秦宗權遣將孫儒陷東都

殺右補闕常濬（范氏曰殺諫臣其國必亡故侯昌業孟昭圖常濬皆以諫死而唐亡之兆決矣）

王緒前鋒將擒緒奉王潮爲將軍

田令孜遣朱玫李昌符攻河中李克用救之十二月進逼京師上奔鳳翔（克用救河中則曲在令孜至進逼京師上奔鳳翔則克用之罪不可逭也）

丙午

二年

春正月田令孜劫上如寶雞朱玫李昌符追逼車駕上復走入大散關

二月至興元 上于是再走興元矣

三月以孔緯杜讓能同平章事

夏四月朱玫奉襄王熅權監軍國事還京師以鄭昌圖同平章事

五月

六月

田令孜自為西川監軍

朱玫自加侍中

詔扈蹕都將楊守亮

秋七月

與王重榮李克用共討朱玫

八月

朱玫遣王行瑜寇興州詔神策都將李茂貞拒之

茂貞博野人宋文通也以功賜姓名

冬十月朱玫立襄王熅稱帝改元

僖宗誠為失德然未至如桀紂之暴也朱玫既為田令孜所使又反令孜而逼乘輿遂至僭立非次妄干位號則其罪不可得而逃矣

盧龍節度使李全忠卒以其子匡威為留後

王潮陷泉州

陳巖表為泉州刺史吏民悅服王緒自殺

十一月

十二月王行瑜還長安斬朱玫熅奔河中王重榮殺之傳首行在

丁未三年

春正月

二月

董昌取越州昌謂錢鏐曰汝能取越州吾以杭州授汝鏐將兵克之昌後移鎮越州以鏐知杭州昌杭州人鏐臨安人

孫儒陷河陽初儒與劉建鋒戍蔡州馬殷隸軍中以材勇聞及秦宗權叛儒等俱屬焉

以王行瑜爲靜難軍節度使李茂貞領武定節度使楊守亮爲山南西道節度使

以董昌爲浙東觀察使錢鏐爲杭州刺史

流田令孜于端州令孜依陳敬瑄竟不行

代北節度使李國昌卒

三月車駕至鳳翔

夏四月

誅僞宰相蕭遘鄭昌圖裴澈

利州刺史王建襲閬州而據之（建勇而有謀得士卒心然利州四戰之地難以久安募溪洞酋豪八千襲閬州逐刺史楊茂實自稱防禦使遣使奉表仗大義以行師）

淮南都將畢師鐸等發兵討呂用之克揚州用之亡走師鐸執高駢而幽之（師鐸本高駢遣使將兵屯高郵備秦宗權也師鐸因與用之有隙疑懼不自謀發兵討之又乞宣州觀察使秦彥出師助之並許其克城之日迎彥爲帥既克揚州用之亡走迎駢入道院并收其親黨十餘人幽之）

秦彥入揚州廬州刺

六月

史楊行密引兵攻之（行密即行愍也高駢改其名）

李昌符作亂以李茂貞為招討使討之

河中軍亂殺節度使王重榮詔以王重盈代之

秋八月

李茂貞平隴州李昌符伏誅詔以茂貞為鳳翔節度使

九月以張濬同平章事

秦彥殺高駢（彥與師鐸出師屢敗疑駢在道院為厭勝外圍益急恐駢黨為內應乃殺駢并其子弟甥姪同坎瘞之）

冬十月

朱全忠拔濮州進攻鄆州

楊行密克揚州

閏十一月		以朱全忠兼淮南節度使 楊行密斬呂用之
十二月		秦宗權陷荊南 錢鏐取潤州
戊申 文德元年 春正月		孫儒殺秦彥畢師鐸鄭漢章 以朱全忠爲蔡州四面行營都統
二月上至長安		以楊行密爲淮南留後 魏博軍亂逐其節度使樂彥禎推其牙將羅宏信知留後事
三月朔日食既 立壽王傑爲皇太弟帝		

崩太弟即位

上疾大漸皇帝吉王保長而賢羣臣屬望楊復恭請立其弟壽王傑是日下詔立傑為皇太弟上崩遺制太弟即位更名敏

賀善贊曰僖宗之篇非盜賊無書者然有三事自唐以來所未有殺三諫臣是也即此足以決唐之必亡矣

夏四月

羅宏信殺樂彥禎及其子從訓詔以宏信為魏博留後

冬十月葬靖陵在西安府乾州城東北一十里

十二月

蔡將申叢執秦宗權以降以王建為永平軍節度使

己酉 龍紀元年 名傑更名敏懿宗第七子在位十六年壽三十八歲 春正月以劉崇望同平章事 二月 三月 冬十一月上更名曄 上祀圜丘		秦宗權伏誅 進朱全忠爵東平郡王
庚戌 大順元年 春正月羣臣上尊號 二月 夏四月以張濬爲招討制		李克用拔邢州 王建攻邛州 楊行密取潤州 以楊行密爲寧國軍節度使

置使會諸道兵討李克用

秋八月

九月

冬十月

辛亥二年

春正月孔緯張濬罷以崔

李克用執招討副使孫揆以歸殺之

朱全忠圍澤州李克用養子存孝與戰破之復取潞州所以著其他日叛父之罪也

李匡威攻蔚州李克用養子嗣源擊走之所以著其傳襲之始也

王建取蜀州

李克用遣兵拒官軍于趙城官軍潰張濬韓建遁還

復李克用官爵

昭緯徐彥若同平章事

孫儒攻宣州

二月

加李克用中書令

夏四月彗星見赦天下

王建逐西川節度使韋昭度還攻成都

秋七月

王建克成都自稱西川留後

九月

以宦官楊復恭為上將軍致仕

終綱目宦官致仕仇士良楊復恭二人而已

冬十月

以王建為西川節度使

楊復恭謀反遣天威都頭李順節討之復恭走與元與楊守亮等舉兵拒命

壬子 景福元年

春二月

以李茂貞為山南西道招討使

以時溥為太子太師溥不奉詔

三月以鄭延昌同平章事

夏四月

以錢鏐為武勝軍防禦使

六月

楊行密擊斬孫儒遂歸揚州

王建圍彭州

秋八月

以楊行密為淮南節度使

冬

以李存孝為邢洛磁節度使

癸丑二年

春正月

以李茂貞為山南西道節度使茂貞不奉

夏四月

五月

秋八月以覃王嗣周爲京西招討使討李茂貞

九月以韋昭度崔胤同平章事

冬十月

十一月以王行瑜爲太師

覃王嗣周爲京西招討使

詔以柳玭爲瀘州刺史

王建殺陳敬瑄田令孜

王潮取福州

以錢鏐爲鎮海節度使

李茂貞王行瑜合兵拒官軍官軍逃潰

以李茂貞爲鳳翔兼山南西道節度使

以王潮爲福建觀察使

此閩王之基

號尚父賜鐵券

綱目書尚父者四王行瑜書號五代劉守光書推錢鏐書加惟郭子儀書尊綱目書鐵券三安祿山李懷光王行瑜皆終反者也

甲寅 乾寧元年

春正月

二月以鄭綮同平章事

夏五月鄭延昌罷以李谿同平章事尋罷之

秋七月鄭綮致仕

綮自以不合衆望累表避位可謂自知審矣

以徐彥若同平章事

李茂貞入朝 大陳兵自衛數日歸鎮

李克用克邢州殺李存孝

王建克彭州殺楊晟

李茂貞克閬州

秋八月

冬十二月

乙卯 二年

春正月以陸希聲同平章事

二月復以李谿同平章事

三月罷

崔胤罷以王摶同平章事

楊復恭等伏誅

以劉隱爲封州刺史 封州刺史劉謙卒其子隱居喪賀江人謀亂隱一夕盡誅之嶺南節度使劉崇龜表爲封州刺史○隱上蔡人

黃連洞蠻圍汀州王潮遣兵擊破之

李克用入幽州

董昌僭號于越州 浙東觀察使董昌求爲越王不許遂僭號稱帝副使黃碣會稽令吳鐐山陰令張遜屢諫不聽錢鏐遺書止之不聽鏐以狀聞

楊行密取濠州 行密攻濠州掠得徐州人李氏子生八年矣養以爲子其長子渥憎之不能容行密因賜徐溫以爲子溫名之曰知誥知誥勤孝

夏四月罷諸王將兵
陸希聲罷
五月王行瑜李茂貞韓建舉兵犯闕殺韋昭度李谿
六月以孔緯同平章事
秋七月上如石門鎮因王行約李繼鵬作亂故也
以崔胤同平章事
車駕還京師
崔昭緯罷以孫偓同平

諸王罷將兵

過諸子溫愛之使掌家事及長喜書善射識度英偉行密謂溫曰知誥俊傑諸將子不及也

以劉建鋒爲武安節度使建鋒以馬殷爲內外馬步軍指揮使

制削奪董昌官爵委錢鏐討之

李克用舉兵討三鎮三鎮即王行瑜李茂貞韓建也

王行約李繼鵬作亂制削奪王行瑜官爵以李克用爲招討使討之

章事

九月孔緯卒

冬十一月

十二月進李克用爵晉王

丙辰 三年

春二月

夏四月河漲

五月崔昭緯伏誅

以通王滋判侍衛諸軍事

孔緯卒

李克用克邠州王行瑜伏誅

進李克用爵晉王李克用還晉陽

武安軍亂殺劉建鋒推馬殷爲留後 馬楚之基始于此

董昌去僭號

崔昭緯伏誅

錢鏐克越州董昌伏誅

秋七月李茂貞舉兵犯闕
上如華州
崔胤罷以陸扆同平章事
八月李克用發兵入援
王摶罷以朱朴同平章事
九月以崔胤崔遠同平章事
冬十月以孫偓爲鳳翔四面行營招討使討李茂貞
以王摶同平章事

以王潮爲威武軍節度使
以馬殷判湖南軍府事

以錢鏐爲鎮海鎮東節度使
以劉隱爲清海行軍司馬
清海節度使薛王知柔行至湖南廣州牙將盧琚據境拒之封州刺史劉

丁巳 四年

春正月詔罷諸王所領兵及殿後四軍

立德王裕爲皇太子

唐自武宗四宗無書立太子者于是復書亦自是終矣

孫偓朱朴罷

夏四月遣使和解兩川

漢獻之篇書遣馬日磾趙岐和解關東矣于是再見衰世之政一轍也

六月

秋八月

諸王罷所領兵

以覃王嗣周爲鳳翔節度使

韓建劉季述殺通王

隱襲廣州斬據具軍容迎知柔入視事知柔表隱爲行軍司馬

貶王建爲南州刺史

以李茂貞爲西川節度使

滋等十一人韓建藩臣也季述閹奴也通王滋等皇子也以皇子之貴而臣僕殺之如豢犬豕禍亂極矣

冬十月立淑妃何氏爲后唐自代宗始無書立后者于是復書亦自是終矣

以韓建爲鎮國匡國節度使

詔削奪李茂貞官爵姓名發兵討之復以王建爲西川節度使

十二月

威武節度使王潮卒潮以弟審知爲觀察副使有過猶加捶撻審知無怨色潮寢疾捨其子命審知知軍府事

南詔驃信舜化上書驃信乃夷語華言君也

戊午光化元年

春正月

詔復李茂貞姓名官爵罷諸道兵

三月

以朱全忠爲宣武宣義天平節度使以馬

	秋八月車駕至長安	殷知武安留後
	九月	錢鏐克蘇州 魏博節度使羅宏信卒（軍中推其子紹威爲留後） 以王審知爲威武節度使
	冬十一月	以羅紹威爲魏博節度使
己未 二年	春正月崔胤罷以陸扆同平章事	
	秋七月	馬殷拔道州
	八月	李克用拔潞州
庚申 三年		

春二月

夏六月以崔胤同平章事

殺司空同平章事王摶

秋九月崔遠罷以裴贄同

平章事

冬十一月中尉劉季述幽

上于少陽院而立太子

裕

崔胤與帝謀誅宦官宦官懼劉季述等幽帝于少陽院立太子裕既而孫德昭斬季述帝復位

辛酉 天復元年

春正月朔神策指揮使孫

李克用治晉陽城

殺王摶

朱全忠攻鎮州

馬殷取桂州

按唐自憲宗以來為宦官所殺者二君所立者七君昭宗輕佻倡怠固足取禍然此輩視置君如弈棋而唐之公卿百官無一人敢與之抗豈不深可歎哉

進朱全忠爵為東平

南詔鄭買嗣弒其驃

德昭等討劉季述等皆伏誅上復位黜太子裕爲德王

二月以王溥裴樞同平章事

夏五月

六月解崔胤鹽鐵使

崔胤復請盡誅宦官但以宮人掌內諸司事未發事泄宦官日夜謀所以去胤者上因解胤鹽鐵使是時朱全忠李茂貞各有挾天子令諸侯之意韓全誨結茂貞崔胤結朱温各相傾軋胤知謀泄事急遺全忠書稱被密詔令全忠以兵迎車駕幸洛

王李茂貞爲岐王以宦者韓全誨張彥宏爲中尉袁易簡周敬容爲樞密使

以朱全忠爲宣武宣義天平護國節度使

李茂貞入朝

信舜化而自立

鄭氏世爲蒙氏淸平官既滅蒙氏改國號大長和凡三傳二十六年至唐明宗天成元年爲趙氏所滅

冬十月

十一月韓全誨等劫帝如鳳翔朱全忠取華州

温兵大至韓全誨等劫幼帝奔鳳翔帝慟哭而去既而温攻鳳翔茂貞出戰大敗茂貞乃請于帝誅全誨等與温和帝乃還京

朱全忠引兵至鳳翔城東而還

以盧光啓參知機務崔胤裴樞罷

十二月

壬戌

二年

朱全忠舉兵發大梁

崔胤詔之欲誅宦官也

清海節度使徐彥若卒

遺表薦劉隱權留後

春正月以韋貽範同平章事

二月盜發簡陵懿宗陵也

三月以楊行密爲行營都統賜爵吳王

夏五月韋貽範罷

進錢鏐爵爲越王

以蘇檢同平章事

秋八月起復韋貽範同平章事

九月

冬十月朱全忠遣使奉表

楊行密賜爵吳王

錢鏐進爵越王

朱全忠圍鳳翔

兩浙軍亂

王建取興元

以李茂貞爲鳳翔靜難武定昭武節度使

回鶻遣使入貢

迎車駕

癸亥三年
春正月李茂貞殺韓全誨等帝幸朱全忠營遂發鳳翔復以崔胤爲司空同平章事
車駕至長安大誅宦官以崔胤判六軍十二衛事

袁紹悉誅宦官于前董卓因詔以亡漢崔胤大誅宦官于後朱温因詔以篡唐雖快一時之急而國隨以亡是猶惡衣之垢而焚之患木之蠹而伐之也其爲害豈不益多哉

二月貶陸扆爲沂王傅分司賜蘇檢死貶王溥爲賓客分司

以輝王祚爲諸道兵馬元帥朱全忠守太尉以副之

賜朱全忠號回天再造竭忠守正功臣

朱温巢賊之黨凶暴桀逆罪不容誅

皆崔胤所惡也

進朱全忠爵爲梁王崔胤爲司徒兼侍中以裴樞同平章事

秋八月進王建爵爲蜀王

冬十月

十一月以獨孤損同平章事

裴贄罷

進朱全忠爵爲梁王

血乃加以回天再造竭忠守正功臣之名與侯景自稱宇宙大將軍相去無幾未幾篡弑滅唐尚可謂之回天再造竭忠守正者乎

梁王全忠辭歸鎮

王建進爵爲蜀王

山南東道節度使趙匡凝取荊南表其弟匡明爲留後

時天子微弱諸道多不上供惟匡凝兄弟委輸不絕可謂忠矣

李茂貞、李繼徽舉兵逼京畿

甲子 天祐元年

春正月梁王全忠殺崔胤以崔遠柳璨同平章事初崔胤假朱全忠兵以誅宦官全忠既破李茂貞遂有篡奪之志至是欲遷天子都洛恐崔胤立異密令朱友諒殺胤與其黨鄭元規等數人

梁王全忠屯河中表請遷都上發長安二月至陝二月至陝以東都宮闕未成留止

王建遣兵迎車駕

三月以梁王全忠判六軍諸衛事

梁王全忠赴洛陽

遣閤使以密詔告難于

朱全忠判六軍諸衛事

朱全忠赴洛陽

四方

夏四月上至洛陽

更封錢鏐爲吳王

五月梁王全忠還鎮

秋八月梁王全忠弑帝于

椒殿太子祝卽位

帝自離長安日憂不測與何后終日沉飲或相對悲泣全忠欲立幼君易謀禪代乃遣判官李振至洛陽與蔣玄暉朱友恭氏叔琮等圖之玄暉選牙官史太等百人夜叩宮門帝在椒殿方醉遽起單衣繞柱走太追弑之立輝王祚爲皇太子更名祝于柩前卽位時年十三

九月尊皇后爲皇太后

冬十月朔日食

錢鏐更封爲吳王

命魏博曰天雄軍

進羅紹威爵爲鄴王

朱全忠還鎮

十二月

以劉隱爲清海節度使

昭宣帝 名祚更名柷昭宗子在位三年被朱温所弒壽十七歲

乙丑 天祐二年 君立踰年改元恆也昭宣于是踰年矣而不改先君之舊號則臣子之罪也其畏全忠甚矣綱目非元年不書號于是特書昭宣帝天祐二年所以表其爲新君之初年以正始也

朱全忠殺德王裕等九人 全忠使蔣玄暉邀德王裕九人置酒九曲池悉縊殺之投尸池中昭宗諸子于是皆死而唐祚之移決矣

春二月葬和陵 在河南府偃師縣南

獨孤損裴樞崔遠並罷以張文蔚楊涉同平章事

夏四月彗星出西北長竟

天

彗長竟天大異也閒一歲而唐亡變不虛生信哉

六月

秋八月徵前禮部員外郎司空圖詣闕尋放還山

唐末進退不汚者惟司空圖一人而已

冬十月以梁王全忠爲諸道兵馬元帥

改昭宗諡號

十一月以梁王全忠爲相國封魏王加九錫全忠不受

十二月朱全忠弒太后何

全忠殺裴樞獨孤損崔遠陸扆王溥等三十餘人

吳王楊行密卒子渥代爲淮南節度使

氏殺蔣玄暉柳璨張廷範

丙辰 三年

春正月以梁王全忠爲三司都制置使 三司之名始于此

夏四月朔日食

秋七月梁王全忠還大梁

冬十月

羅紹威殺其牙軍八千家

王建立行臺

梁王全忠以高季昌爲荊南留後

丁卯 四年 四月以後梁太祖朱晃開平元年西川稱唐天復七年〇是歲唐亡梁晉岐淮南西川凡五國吳越河南荊南福建嶺南凡五鎮

唐昭宣帝天祐四年

春正月

三月帝遣使奉冊寶如梁

夏四月梁王全忠更名晃稱皇帝奉唐帝為濟陰王

梁以汴州為東都開封府洛陽為西都長安為大安府佑國軍

淮南牙將徐溫張顥作亂

盧龍節度使劉仁恭為其子守光所囚

馬殷梁以為楚王

淮南西川移檄興復唐室

時惟河東鳳翔淮南稱天祐西川稱天復年號餘皆稟梁正朔蜀王建與楊渥移檄諸道云欲與岐王晉王會兵興復唐室卒無應者建乃謀稱帝遺晉王書云請各帝一方晉王復書不許曰誓于此生靡敢失節

岐王李茂貞開府

梁以錢鏐為吳越王

梁以高季昌為荊南節度使

季昌陝

契丹遣使如梁

初契丹有八部部各有大人推一人為王建旗鼓以號令諸部三年一代以次為之及耶律阿保機恃其彊不肯受代七部劫之阿保機不得巳傳旗鼓請帥種落居古漢城別自為一部後稍以兵擊滅七部北侵室韋女真西取突厥故地東北諸夷皆畏服之是歲帥衆三十萬寇雲州晉王與之連和約為兄弟阿保機既歸而背盟更附于梁晉王由是恨之○耶律姓阿保機名古漢地後魏滑鹽縣也○此遼之始祖也

州人

六月

梁主封其兄全昱爲廣王

秋七月

梁侵晉圍潞州晉遣周德威等救之

八月

梁以劉守光爲盧龍節度使

九月

晉敗梁兵于潞州梁築夾寨守之

蜀王王建稱帝

前書淮南西川移檄興復唐室此書王建稱帝則吳蜀竊義之名曉然自見

冬十一月

義昌節度使劉守文舉兵討其弟守光

歷代統紀表卷之十

偃師段長基述　男搢書編次　孫鼎鑰 鼎鈞 校刊

五代

此後梁唐晉漢周爲大國岐淮南西川蜀北漢南唐楚閩吳吳越荊南爲諸小國

戊辰

無統

是歲西川稱蜀凡五國五鎮

梁　大祖朱晃開平二年

晉　李克用昭宗時封爲晉王稱唐天祐五年

岐　李茂貞昭宗封爲岐王稱唐天祐五年

淮南　楊行密昭宗封爲吳王稱唐天祐五年

蜀　高祖王建武成初年

吳越　錢鏐字具美杭州人懿宗進封越王又更封吳王梁封爲吳越王

湖南　馬殷字伯圖許州人昭宗以爲武安節度使梁封爲楚王遂據潭湘及道桂象柳等州

荊南　高季昌字貽孫陝州人初爲李讓家奴梁太祖時爲荊南節度使

福建　王審知字信通王潮之弟光州人昭宗時爲節度使梁太祖封爲閩王

嶺南　劉隱上蔡人昭宗時爲清海節度使有南海地隱卒弟巖嗣初臣梁既而稱帝國號越又改曰漢改名龔

異國

春正月

晉王李克用卒子存勗立

二月

梁主晃

晉兵馬

蜀以張

梁　晉　岐　淮南　蜀　吳越　湖南　荊南　福建　嶺南

	夏五月	秋七月	冬十月
弑濟陰王追謚曰哀帝			華原賊帥温韜發唐諸
使李克寧謀作亂晉王殺之	晉王攻梁夾寨破之潞州圍解晉王歸晉陽		
	淮南張顥徐温弑其節度使楊渥温復攻顥殺之	淮南將吏推楊隆演爲節度使	
格同平章事			

陵華原在西安府城北

	己巳 是歲凡五國五鎮	春正月	二月朔日食	夏四月	秋七月
梁	梁開平三年	梁遷都洛陽	梁攻岐取丹延鄜坊四州	梁以王審知為閩王	梁以劉守光為
晉	晉稱唐天祐六年				
岐	岐稱唐天祐六年				
淮南	淮南稱唐天祐六年		淮南徐溫自領昇州刺史		淮南盡取江西
蜀	蜀武成二年				
吳越				吳越擊淮南破之	
湖南					
荊南					
福建				王審知為閩王	
嶺南					

	庚午 是歲淮南稱吳凡五國五鎮	春正月	二月
燕王 守光盧龍節度仁恭之子嘗囚其父自稱盧龍節度使其兄守文討之守光又執而囚之至是梁以爲燕王	梁開平四年	劉守光克滄州殺其兄守文	
	晉稱唐天祐七年		
	岐稱唐天祐七年		岐王承制加楊隆演嗣吳王
地	淮南稱唐天祐七年		楊渥弟隆演嗣
	蜀武成三年		

	（續）	夏五月	六月	秋八月	冬十一月
梁		梁天雄節度使羅紹威卒以其子周翰代之	梁以楚王殷爲天策上將軍		
晉					
岐	吳王				
吳					
蜀					蜀主立
吳越				吳越築捍海石塘廣杭州城	
湖南			楚王殷爲天策上將軍		
荊南					
福建					
嶺南					

其假子宗裕等為王

辛未

春正月 朔 日食

三月

夏四月

梁乾化初年

晉王推劉守光為尚父

晉稱唐天祐八年

晉王伐梁軍于柏鄉大破之

岐稱唐天祐八年

吳稱唐天祐八年

蜀永平初年

清海節度使劉隱卒其弟巖知留後

	（續）	秋七月	八月	冬十一月
梁	梁亦以爲采訪使陽爲推尊以稔之也	梁主避暑于張宗奭第宗奭即全義也溫假避暑以瀆亂其婦女也	燕王劉守光稱帝	梁主還洛陽
晉				幽州參軍馮道來奔
岐				
吳				
蜀				
吳越				
湖南				
荊南				
福建				
嶺南				

壬申

梁乾化二年

晉稱唐天祐九年

晉王以爲掌書記○瀛州樂壽人伉之曾孫也

岐稱唐天祐九年

吳稱唐天祐九年

蜀永平二年

夏五月

梁主至洛陽

六月

梁郢王友珪弑其主晃而自立

梁主淫虐亂倫有子三長友裕早卒次友珪友貞梁主寵假子友文之妻王氏欲傳國于友文友珪知

		秋七月
梁	之弑其父于寢殿並遣使詰東都命友貞殺友文而自立〇溫以臣弑君友珪即以子弑父屠戮之慘與祿山無異此皆天理昭昭之報也 梁忠武軍亂殺節度使韓建	梁加吳越王鏐尚父 梁以敬翔同平章事
晉		
岐		
吳		吳以徐溫領鎮海節度使
蜀		
吳越		
湖南		
荊南		
福建		
嶺南		

癸酉

	春二月	夏六月
梁主瑱乾化三年	梁均王友貞起兵討賊友珪伏誅友貞立于大梁更名瑱	梁賜高季昌爵渤海王
晉稱唐天祐十年		
岐稱唐天祐十年		
吳稱唐天祐十年		
蜀永平三年		蜀以道士杜光庭爲諫議大夫名實相戾矣
		高季昌爲渤海王

		冬十月	十一月	甲戌	春正月
梁				梁乾化四年	
晉			晉王入幽州執劉仁恭及守光以歸	晉稱唐天祐十一年	劉仁恭劉守光伏誅
岐				岐稱唐天祐十一年	
吳				吳稱唐天祐十一年	
蜀	蜀主殺其太子元膺	蜀立子宗衍爲太子		蜀永平四年	
吳越					
湖南					
荆南					高季昌攻蜀夔州不克
福建					
嶺南					

	夏四月	秋八月	冬十一月	十二月
鎮定推晉王爲尚書令始置行臺				
				蜀來攻陷長城關
		蜀以毛文錫判樞密院	南詔寇蜀蜀遣兵擊敗之	蜀攻岐階州破長城關
	楚人襲吳黃州克之			
			南詔寇蜀	

	乙亥	春二月	夏四月	六月	秋七月
梁	梁貞明初年	梁分天雄為兩鎮 梁以魏博軍盛分置昭德軍于相州			
晉	晉稱唐天祐十二年		魏人降晉六月晉王入魏	晉攻德州	晉拔澶州晉王勞軍魏縣
岐	岐稱唐天祐十二年				
吳	吳稱唐天祐十二年				
蜀	蜀永平五年				
吳越					
湖南					
荊南					
福建					
嶺南					

丙子	八月	冬十月	十一月
梁貞明二年	梁復取澶州	梁康王友敬作亂伏誅	
晉稱唐天祐十三年	晉遣李存審圍貝州		
岐稱唐天祐十三年			岐耀鼎二州降梁
吳稱唐天祐十三年	吳徐温出鎮潤州留子知訓江都輔政		
蜀通正初年			蜀攻岐克階成秦鳳州岐將劉知俊奔蜀
			廣州始與梁絕劉巖以吳越王鏐爲國王而己獨爲南平王表求封南越王不許貢使遂絕

	秋七月	八月	九月	冬十月
梁	梁以吳越王鏐為諸道兵馬元帥			
晉		晉拔相邢二州	晉王還晉陽晉王如魏州	晉王遣使如吳吳擊梁圍潁州
岐				
吳				
蜀				蜀攻岐圍鳳翔
吳越	吳越王為諸道兵馬元帥			
湖南				
荊南				
福建				
嶺南				
		契丹寇晉陷蔚州		

十二月

楚王遣使如晉

契丹稱帝改元

契丹王阿保機自稱天皇帝國人謂之天皇王以妻述律為皇后置百官改元神冊在位十一年壽五十五歲

丁丑

是歲嶺南稱漢凡六國四鎮

春二月

梁貞明三年

晉稱唐天祐十四年

晉新州裨將盧文進殺其防禦使李存矩亡奔契丹

岐稱唐天祐十四年

吳稱唐天祐十四年

蜀天漢初年

漢乾亨初年

	梁	晉	岐	吳	蜀	吳越	湖南	荊南	福建	嶺南	
三月											契丹陷晉新州晉師攻之不克契丹圍幽州
夏四月		契丹圍幽州遣李嗣源救之									
五月				吳徐溫徙治昇州							
秋八月		晉師擊契丹敗之幽州圍解								劉巖稱帝于廣州	

冬十月	十一月	十二月	戊寅 春正月
梁以吳越王鏐爲天下兵馬元帥		晉拔楊劉梁主如洛陽尋還大梁	梁貞明四年
晉王還晉陽	晉王如魏州	晉王襲梁楊劉拔之楊劉河南地	晉稱唐天祐十五年 晉師掠梁濮鄆而還
			岐稱唐天祐十五年
			吳稱唐天祐十五年
		蜀殺其招討使劉知俊	蜀光天初年 蜀信王宗傑卒
吳越王爲天下兵馬元帥			

	夏六月	秋七月	八月
梁	梁人決河以限晉兵晉王攻之拔其四寨		梁泰寧節度使張萬進降晉
晉			晉王大舉伐梁張萬進來降
岐			
吳	吳副都統朱瑾殺都軍使徐知訓而自殺	吳以徐知誥為淮南行軍副使輔政	
蜀	蜀主建殂太子宗衍立	蜀以王宗弼為鉅鹿王	蜀以諸王領軍使 蜀以宦者歐陽
吳越			
湖南			
荊南			
福建			
嶺南			

己卯

		冬十一月	十二月
梁貞明五年			
晉稱唐天祐十六年			晉王與梁軍戰于胡柳陂周德威敗死晉王收兵復戰大破梁軍
岐稱唐天祐十六年			
吳楊隆演武義初年			
蜀乾德初年	晃等爲將軍		
		越改國號漢	

	梁	晉	岐	吳	蜀	吳越	湖南	荊南	福建	漢
春正月		晉築德勝兩城								
三月		晉王自領盧龍節度使晉以郭崇韜為中門副使孟知祥薦之也								
夏四月	梁攻晉德勝南城不克			吳王隆演建國改元以徐溫為大丞相都督中外諸軍事		吳越擊吳于狼山破之				
秋七月		晉主以馮道掌				吳越攻吳常州				

八月

冬十二月

書記

吳與吳越連和

吳團結民兵

吳人與戰破之

庚辰

春三月

梁貞明六年

晉稱唐天祐十七年

晉以李建及爲代州刺史建及忠壯與士卒同甘苦所向有功聽宦官之言罷其軍職

岐稱唐天祐十七年

吳武義二年

蜀乾德二年

	辛巳	夏四月	五月	秋八月
梁	梁龍德初年	梁朱友謙取同州遂以河中降晉		
晉	晉稱唐天祐十八年	朱友謙來降		
岐	岐稱唐天祐十八年			
吳	吳睿皇楊溥順		吳宣王隆演卒弟溥立	
蜀	蜀乾德三年			蜀主北巡冬十一月遣兵侵岐不克而還
吳越				
湖南				
荊南				
福建				
漢				

春正月

晉得傳國寶 黃巢之破長安也魏州僧得傳國寶至是以爲常玉將鬻之或識之曰傳國寶也乃詣行臺獻之

義初年

蜀主還成都廢其后高氏

二月

唐成德將張文禮弒其節度使趙王鎔而代之 唐士上無天子節鎮專地爲之

	夏六月朔日食	冬十月	十二月
梁	屬者皆其臣矣書弑其以正所君臣之分也唐士節度書弑二楊渥王鎔		
晉			契丹寇幽州進寇義武晉王救之
岐			
吳		吳王溥祀南郊	
蜀			
吳越			
湖南			
荊南			
福建			
漢			
			契丹寇幽州拔涿州進寇義武晉王救之

壬午	春正月	秋八月	九月	冬十一月
梁龍德二年		梁取晉衛州李存儒失之也		唐特進
晉稱唐天祐十九年	晉王擊契丹大敗之		晉王克鎮州自領之以符習爲天平節度使	唐特進
岐稱唐天祐十九年				
吳順義二年				
蜀乾德四年				
	晉擊契丹大敗之			

癸未

是歲梁亡晉稱唐凡五國四鎮

春二月

梁唐	梁龍德三年，四月以後唐莊宗李存勗同光初年	晉以豆盧革盧
	河東監軍使張承業卒	
	河東監軍使張承業卒	曹太夫人爲之行服晉王聞之亦不食者累日○承業在晉已非一日唐亡十六載必繫之以唐者表承業之乃心唐室也
岐	岐稱唐天祐二十年	
吳	吳順義三年	
蜀	蜀乾德五年	
吳越	吳越王鏐以梁	
湖南		
荊南		
福建		
漢		

程爲行臺丞相梁以錢鏐爲吳越王

爲吳越王鏐始建國其儀衛名稱多如天子之制惟不改元置百官有丞相侍郎客省等使

夏四月

晉王存勗稱皇帝于魏州國號唐

唐以豆盧革盧程同平章事郭崇韜張

		閏月
後唐	居翰爲樞密使唐建東西京及北都以魏州爲興唐府建東京又于太原府建西京又以鎮州爲真定府建北都時唐國所有凡十三節度五十州	唐立宗廟于晉陽唐遣李嗣源襲
岐		
吳		
蜀		
吳越		
湖南		
荊南		
福建		
漢		

梁鄆州取之以嗣源爲節度使

五月

梁遣招討使王彥章攻唐德勝南城拔之進攻楊劉六月唐主救之梁兵退秋七月彥章罷

秋七月

唐盧程

		八月	九月	冬十月 朔日食
後唐	罷	梁以段凝爲招討使遣王彥章張漢傑攻鄆州		唐主救鄆州梁師敗績王彥章死之唐主入大
岐				
吳				
蜀			蜀主宴羣臣于宣華苑	
吳越				
湖南				
荊南				
福建				
漢				

梁梁主瑱自殺唐遂滅梁

胡氏曰莊宗以宦官之譖罷李建及而失忠以之助壯之俳優之悅用李存儒而失要害之地以役使之愛使朱守殷而陷南城喪芻糧數百萬幾如是而地不蹙國不亡然且不旋踵而克梁者非晉必當克也盡梁祚告終之期促耳

後唐	梁段凝降唐 唐貶梁宰相鄭珏以下十一人以其世受唐恩而仕梁貴顯也 敬翔李振趙巖張漢傑等伏誅夷其族 唐毀梁宗廟追廢朱溫朱友貞
岐	
吳	
蜀	
吳越	
湖南	
荊南	
福建	
漢	

為庶人梁諸藩鎮入朝于唐者皆復其任
唐以郭崇韜守侍中
唐加李嗣源中書令

彗星見

楚王殷遣使入貢

十一月

唐廢北都為成

吳遣使如唐

楚王遣使入貢于唐

後唐	德軍梁東京爲宣武軍以宋州爲歸德軍 唐以趙光胤韋說同平章事 唐荊南節度使高季興入朝 唐復以長安爲西京京
岐	
吳	
蜀	
吳越	
湖南	
荊南	高季昌入朝于唐 避唐諱改季興
福建 漢	

	十二月	甲申 是歲岐降後唐凡四國四鎮	春正月
兆府	唐遷都洛陽	後唐同光二年	岐王茂貞遣使入貢 唐復以宦官爲內諸司使及諸道監軍 唐室士于宦官莊宗之所知也天祐以
			岐王茂貞遣使入貢于唐
	吳復遣使如唐	吳順義四年	
		蜀乾德六年	
	高季興還鎮		
			契丹寇幽州

	二月		三月
後唐	來改用士人于是又尋覆黜士國有由矣 唐太后至洛陽	唐主祀南郊大赦 唐以李茂貞爲秦王 唐立夫人劉氏爲后	唐封高季興爲南平王
吳			
蜀			蜀主宴羣臣于怡神亭
吳越			
湖南			
荊南			高季興唐封爲南平王
福建			
漢			

夏四月

唐以李存賢爲盧龍節度使

唐遣使按視諸陵

唐主加尊號

唐秦王李茂貞卒遺奏以其子繼曮權知軍府事

五月

唐以伶人陳俊儲德源

契丹寇幽州

		六月	八月	冬
後唐	為刺史　唐以李繼曮為鳳翔節度使	唐以李嗣源為蕃漢馬步總管		吳越來貢
吳				吳王如白沙
蜀			蜀中書令王宗儔卒	蜀以宦官王承休為龍武指揮使
吳越				吳越入貢于唐
湖南				
荊南				
福建				
漢				

乙酉

十二月

國	十二月	
後唐同光三年	唐主及后如河南尹張全義第 朱温避暑于全義之家唐主又挾其后偕往至使后父事全義淫縱相尋世變日下正以著其亂亡之跡耳	
吳順義五年		
蜀咸康初年	蜀復以張格同平章事蜀以王承休爲天雄節度使	蜀遣使如唐罷北邊兵
漢白龍初年		
	契丹寇蔚州	

	春正月	二月	三月
後唐	唐主如興唐	唐以李嗣源爲成德節度使	唐黜李從珂爲突騎指揮使唐遣使采民女入後宮唐復以洛陽爲東都興
吳			
蜀			
吳越			
湖南			
荊南			
福建			
漢		漢遣使如唐	

夏四月朔日食大旱

唐爲鄴都

五月

唐太妃劉氏卒

六月雨

唐作清暑樓

吳鎮海判官陳彥謙卒

秋七月

唐太后曹氏殂 唐主哀毀五日方食

九月

唐遣魏

蜀主與

		冬十月	十一月	十二月
後唐	王繼岌及郭崇韜伐蜀		唐師滅蜀蜀主王衍降	唐以孟
吳				
蜀	太后太妃遊青城山	蜀主東遊 按王衍即位以來凡書者十六事宦官者三遊宴者五殺諫臣廢后者各一餘則用小人而已若是其有不亡者乎	蜀主衍降唐	蜀王宗
吳越				
湖南				
荊南				
福建				閩王王
漢				漢白龍
				長和求

知祥爲西川節度使
唐主獵于白沙

弼王承休伏誅

審知卒見子延翰立

漢主改名龑
長和來求昏

昬于漢
長和即唐之南詔也鄭買嗣之子旻求昏于漢漢以其增城公主妻之

丙戌

是歲蜀亡閩建國凡四國三鎮

後唐同光四年明宗嗣源天成初年

春正月

唐護國軍節度使李繼麟入朝唐魏王繼岌殺郭崇韜唐復以

吳順義六年

吳越寶正初年

		二月
後唐	故蜀樂工嚴旭爲蓬州刺史 唐殺其睦王存乂及李繼麟 唐魏王繼岌發成都	唐鄴都亂遣李嗣源將親軍討之 討鄴兵
吳		
吳越		
湖南		
荊南		
福建		
漢		

劫李嗣源入鄴都李嗣源奔相州引兵向大梁唐主如關東李嗣源入大梁唐主乃還

按綱目于李嗣源多怨辭亮其無利之之心也歐陽修五代史于莊宗本紀書李嗣源反明君臣之大義也奔

夏四月

相州以前固不得誣以爲反既入大梁以後亦不得謂之非反也

唐殺故蜀主王衍夷其族

唐伶人郭從謙弒其主存勗李嗣源入洛陽唐太原軍亂

胡氏曰莊宗初立決勝夾寨解潞州之圍歸而治國訓兵事各有理使朱温未死

後唐　吳　吳越　湖南　荊南　福建　漢

唐李嗣源監國

唐監國嗣源殺劉后及諸王

唐監國嗣源殺李紹榮

唐魏王繼岌至長安自殺

唐主嗣

固必爲所擒矣既違張承業忠謀亟稱尊號則舉措之失已稍見矣逮滅梁之後遂無一善可稱與向者猶二人然是何也才器有限也若曰天數則裂膚汗血沐雨櫛風凡十五年而後得好田好獵好女寵伶人豈亦天耶

高季興以孫光憲掌書記

		秋七月
後唐	源立 唐以鄭珏任圜同平章事 唐以馮道趙鳳爲端明殿學士	唐遣供奉官姚坤如契丹告哀
吳		
吳越		
湖南		
荊南		
福建		
漢		
		契丹攻渤海拔夫餘城以其長子突欲鎮之號人皇王 契丹阿保機死卒于夫餘城

八月朔日食	九月	冬十月	十二月
唐孟知祥增置營兵			唐主以其子從
孟知祥增置營兵 知祥字保胤邢州人李克用姪壻也莊宗時授西川節度使			
		王延翰自稱閩王	閩王延稟弒其
	契丹德光立 德光阿保機之中子也在位二十一年壽四十六歲		

後唐：榮爲天雄節度使

閩：君延翰而立其弟延鈞 延稟王審知之養子泉州節度使

丁亥

春正月

後唐：後唐天成二年 唐主更名亶 唐以馮道崔協同平章事 唐主以其子從

吳：吳乾貞初年

吳越

湖南

荊南

閩

漢

厚爲河南尹判六軍諸衞事

二月

唐主以堉石敬瑭爲六軍諸衞副使

按五代史石敬瑭本西夷臬捩雞之子隸明宗帳下號左射軍嘗脫明宗于危尚永寧公主

夏五月

唐以王延鈞爲

馬殷以爲楚

唐荊南自附于吳

王延鈞唐以爲

		秋八月 朔 日食	冬十月
後唐	威武節度使唐以馬殷為楚國王		唐主如汴州宣武節度使朱守殷反唐主遣兵討之遂
吳			吳丞相徐溫卒
吳越			
湖南	國王		
荊南	吳人不受 楚王殷入貢唐主賜之駿馬美女過江陵高季興奪之自附于吳徐溫不受		
閩	威武節度使		
漢			
		契丹與唐修好	

	十一月	十二月
遣使殺任圜守殷自殺唐以石敬瑭爲侍衛親軍都指揮使		孟知祥修成都城既增兵又修誠逆節著矣 唐主立
	吳王楊溥稱帝	
		孟知祥修成都城

		戊子	
		春二月朔日食 三月	
後唐	親廟于應州舊宅 有年 是歲蔚代緣邊粟斗不過十錢	後唐天成三年	唐以孔循爲東都留守王建立同平章事
吳		吳乾貞二年 吳遣使如唐不受	
吳越			
湖南			楚人擊荊南敗之 楚人擊漢封州 漢大敗
荊南			
閩			
漢		漢大有初年	

夏四月

唐以從榮為北都留守

吳攻楚岳州大敗吳遣使如楚

秋八月

唐以王延鈞為閩王

王延鈞唐以為閩王

契丹遣使如唐

冬十二月

荊南節度使高季興卒吳立其子從誨代之

己丑

後唐天成四年

吳太和初年

春三月

唐主殺

楚王殷

		夏四月	秋七月
後唐	其子從璨戲登御榻重誨奏請誅之	唐以從榮爲河南尹從厚爲北都留守唐以趙鳳同平章事	唐以高從誨爲荊南節度使有年
吳			
吳越			
湖南	以其子希聲知政事總諸軍		
荊南			高從誨唐以爲荊南節度使
閩			
漢			

冬十月

吳加徐知誥兼中書令

庚寅

春二月

後唐長興初年

唐董璋築寨劍門與孟知祥上表拒命詔慰諭之

吳太和二年

三月

唐立淑妃曹氏為后

唐河中

夏六月朔日食

秋八月

軍亂逐其節度使李從珂討平之		唐立子從榮爲秦王從厚爲宋王唐兩川節度使董璋孟知祥連兵反

後唐

吳

吳越

湖南

荆南

閩

漢

九月

唐詔削董璋官爵遣天雄節度使石敬瑭討之

漢取交州

十一月

楚武穆王馬殷卒子希聲嗣

契丹東丹王突欲奔唐

辛卯

後唐長興二年

吳太和三年

春二月

唐賜契丹突欲姓名李贊華以

		夏四月
後唐	爲懷化節度使唐以李從珂爲左衛大將軍唐以李愚同平章事	唐以德妃王氏爲淑妃唐以趙延壽爲樞密使石敬塘兼六軍
吳		
吳越		
湖南		
荆南		
閩		閩奉國節度使王延禀舉兵襲福州敗死
漢		

六月

冬十月

諸衛使唐殺其太子太師致仕安重誨
重誨之罪專耳既致仕則可以無罰矣而又以譖殺之甚哉

唐以王延政爲建州刺史

閩作寶皇宮
譏好仙也

王延政唐以爲建州刺史

	十一月朔日食	壬辰 春二月	三月
後唐		後唐長興三年 唐初刻九經版印賣之	唐賜高從誨爵渤海王
吳	吳以其中書令徐知誥鎮金陵徐景通爲司徒輔政	吳太和四年	
吳越			吳越武
湖南			
荊南		高從誨爲渤海王	
閩			
漢			
			契丹遣

肅王錢鏐卒子元瓘嗣

使如唐

夏四月

董璋襲西川五月孟知祥擊敗之璋爲其下所殺知祥遂取東川

西川卽漢之益州地唐置劍南西川節度五代王氏孟氏相繼有其地宋改爲

		秋七月	八月
後唐	成都府今因之東川漢梓州唐置東川節度使宋升爲潼川府		唐以李從珂爲鳳翔節度使唐詔孟知祥補兩川節
吳			吳徐知誥廣金陵城
			孟知祥補兩川節度使以下官
吳越			
湖南		唐武安節度使馬希聲卒八月弟希範嗣	
荊南			
閩			
漢			

度使以下官

九月

唐大理少卿康澄上疏論事唐主優詔答之論國家有不足懼者五有深可畏者六不足懼者願陛下存而勿論深可畏者修而靡忒

冬十一月

唐以石敬瑭為河東節度使

癸巳	春正月	二月	三月
後唐 後唐長興四年		唐定難節度使李仁福卒子彝超嗣唐以孟知祥爲蜀王	唐以李
吳 吳太和五年			吳徐知
		孟知祥唐以爲蜀王	
吳越			
湖南			
荊南			
閩 閩王王延鈞龍啓初年	閩主王延鈞稱帝更名璘		閩地震
漢			

彝超為彰武留後彝超拒命唐立子從珂為潞王從益為許王

詔營宮城于金陵

特書閩他國無震未幾兵亂繼作遂至不得其死天之告戒果可忽哉

秋七月

唐以錢元瓘為吳王唐主加尊號唐以秦王從榮為天下

錢元瓘唐以為吳王

閩以薛文傑為國計使閩主璘殺其從子繼圖

	（前月）	冬十一月
後唐	兵馬元帥唐以趙延壽爲宣武節度使唐遣使如吳越	唐主疾病秦王從榮作亂伏誅唐主亶殂
吳		
蜀		
吳越		
湖南		
荊南		
閩		閩主璘殺其樞密使吳勗
漢		

按明宗不以位爲樂每夕焚香祝天曰願天早生聖人爲生民主即位數年善多可紀開元以來未有書有年者于是兩書五季之君若明宗者亦可謂賢主矣

十二月

唐主從厚立

唐主自終易月之制即召學士讀貞觀政要太宗實錄有致治之志然不知其要寬柔少斷

閩主璘殺其指揮使王仁達

甲午

是歲蜀建國凡五國三鎮

春正月

唐閔帝從厚應順初年 唐主從珂清泰初年

唐以高從誨為南平王馬希範為楚王

吳太和六年

蜀主孟知祥明德初年

吳人攻閩建州不克

蜀王孟知祥稱帝

錢元瓘為吳越王

馬希範為楚王

高從誨為南平王

後唐	錢元瓘爲吳越王　唐以潞王從珂爲河東節度使石敬瑭爲成德節度使從珂舉兵鳳翔唐遣兵討之官軍降潰唐潞王從珂至
吳	
蜀	
吳越	
湖南	
荊南	
閩	
漢	

長安唐主以康義誠爲招討使將兵拒之潞王至陝諸將及康義誠皆降

唐主出奔石敬瑭入朝遇于衛州殺其從騎

然則非特從珂反敬瑭亦反矣

	夏四月
後唐	唐潞王從珂入洛陽廢其主從厚爲鄂王而自立 潞王入洛陽謁太后太妃諸梓宮慟哭自陳詣闕之由馮道等上牋勸進從珂責其無謂明日太后下令廢少帝爲鄂王以潞王知軍國事又明日太后令潞王宜卽帝位乃卽位于
吳	
蜀	唐興元武定兩鎮來降
吳越	
湖南	
荊南	
閩	
漢	

柩前唐主從珂弑鄂王于衛州磁州刺史宋令詢死之

甚哉亂士之禍至是極矣當從珂反叛之初勢其微弱然始則書官軍潰降文則書諸將皆降從珂得以從容入洛凡百官六軍之衆奉迎不暇既而書廢其主爲鄂王又書

	五月	
後唐	弑鄂王于衛州惟意所欲曾無齟齬豈非亂士之禍至是已極故與 唐康義誠伏誅夷其族	唐復以石敬瑭為河東節度使 唐以馮道為匡國節度使 唐復以李從曮
吳		吳徐知誥幽其主之弟臨川王濛于和州
蜀		
吳越		
湖南		
荊南		
閩		
漢		

	秋七月	冬十月	十一月
爲鳳翔節度使	唐以盧文紀姚顗同平章事		唐葬鄂王于徽陵城南徽陵明宗墓也
			吳徐知誥召其子景通還金陵
	蜀主知祥殂子昶立	蜀殺其中書令李仁罕徙其侍中李肇于邛州	
			漢平章事楊洞潛卒

		乙未	春二月
後唐	封魄數尺觀者悲之〇在河南府城東北	後唐清泰二年	
吳	留景遷江都輔政	吳天祚初年	
蜀			蜀主尊其母李氏爲太后　太后太原人本唐莊宗後宮也以賜蜀高祖
吳越			
湖南			
荊南			
閩		閩永和初年	閩主璘立其父婢陳氏爲后　陳氏本太祖侍婢金鳳也陋而淫閩主嬖之立以爲后〇按己之婢且不可立況父婢乎閩以蔑爾國王璘行之于前王稱行
漢			

之于後天理既泯俱受弒殺之禍

三月

唐以趙延壽爲樞密使詔開言路

吳加徐景遷同平章事

夏六月

契丹寇邊唐北面總管石敬瑭將兵屯忻州

吳中書令柴再用卒

契丹寇邊

冬十月

吳加徐知誥大元帥封

閩李倣弒其主璘而立

		十一月	十二月	丙申 是歲唐亡晉興凡五國三鎮	春正月
後唐			唐以馮道為司空	後唐清泰三年 晉高祖石敬瑭天福初年	
吳	齊王備殊禮			吳天祚二年	
蜀					
吳越					
湖南					
荊南					
閩	福王繼鵬更名昶 昶即位立父婢李春燕為賢妃	閩李倣伏誅	閩以陳守元為天師	閩主昶通文初年	閩主昶立其父
漢					

婢李氏為后（鏻立父婢為后昶又立父婢為后家教然矣）

夏四月

楚王希範以其弟希杲知朗州

五月

唐以石敬瑭為天平節度使敬瑭拒命唐發兵討之

秋七月

唐殺石

		九月	冬十月
後唐	敬瑭子弟四人石敬瑭遣使求救于契丹	契丹德光將兵救石敬瑭唐兵大敗契丹圍之唐主自將次懷州	唐括民
吳			
蜀			
吳越			
湖南			
荊南			
閩			
漢			
		契丹將兵救石敬瑭	

馬籍義軍以拒契丹

詔大括天下將吏及民間馬又發民為兵每七戶出征夫一人自備鎧仗謂之義軍實無益于用而民間大擾

十一月

契丹立石敬瑭為晉皇帝敬瑭割幽薊等十六州以賂之

契丹立石敬瑭為晉皇帝

晉	契丹主謂石敬瑭曰吾三千里來赴難必有成功觀汝器貌識量真中原之主也吾欲立汝爲天子命敬瑭爲大晉皇帝自解衣冠授之築壇卽位改長興七年爲天福元年以桑維翰爲翰林學士劉知遠爲侍衞馬軍都指揮使立晉國長公主爲皇后 契丹以晉主南下破唐
吳	
蜀	
吳越	
湖南	
荊南	
閩	
漢	

兵于團柏唐主還河陽晉主發潞州契丹北還唐主還洛陽晉主至河陽節度使萇從簡迎降唐主從珂自焚死晉主入洛陽

	十二月	丁酉 是歲吳亡晉蜀漢閩南唐代吳凡五國吳越湖南荊南凡三鎮 春正月日食
後唐	晉追廢唐主從珂爲庶人以馮道同平章事	晉天福二年 晉以李崧同平章事充樞密使桑維翰
南唐		南唐烈祖徐誥昇元初年 吳徐知誥建齊國于金陵
蜀		
吳越		
湖南		
荊南		
閩		
漢		

	三月	夏四月	五月	六月
兼樞密使	晉葬故唐主于徽陵南	晉遷都汴州		晉以和凝爲端明殿學士
		吳徐知誥更名誥	吳與契丹通使修好	
	吳越王元瓘殺其弟元珦元球			
				閩作白龍寺
				大理段思平改元文德十二傳至連義宋神宗

	秋七月	
晉		
南唐	吳徐誥殺其主之弟歷	
蜀		
吳越		
湖南		
荊南		
閩		
漢		
	契丹改號遼	熙寧八年也爲楊義眞所弑竊祀者四年段氏臣高昇泰起兵討滅楊氏而立段壽輝傳子正明立十七年避高氏爲僧高氏于宋哲宗元符二年自立國號大中改元上治未幾死屬其子太明求段氏後而立正淳高氏世相之是爲後理國

陽公濛吳徐誥稱帝國號唐奉吳主爲讓皇

戊戌

春正月日食

二月

夏六月

晉天福三年

晉求直言

晉制民墾田三年外乃

南唐昪元二年

南唐主誥還故吳主于

蜀廣政初年

		秋七月	八月	冬十月
晉	聽徭役	晉作受命寶	晉上尊號于契丹	契丹加晉主尊號晉以汴州爲東京開封府東都爲西京
南唐	潤州			
蜀				
吳越				
湖南				楚王夫人彭氏卒
荊南				
閩				
漢				交州亂漢主龔遣其子宏操將兵攻之敗死
			晉上尊號于契丹契丹遣使如唐	

晉樞密使桑維翰罷

十一月

晉建鄴都置彰德永清軍徙澶州城

故吳主楊溥卒

南唐主追謚曰睿皇帝

晉冊閩主昶爲閩國王不受

己亥 是歲南唐復姓李氏

晉天福四年

閩主曦永隆初年

春正月

南唐主徐誥復姓李氏更名昪

三月

晉加劉知遠杜

		夏四月	秋七月朔日食	八月
晉	重威同平章事		晉以桑維翰爲彰德節度使	晉以馮道守司
南唐		南唐主遷故吳主楊氏之族于泰州 遷讓皇之族于泰州號永寧宮防衛甚嚴		
蜀				
吳越				吳越王元瓘爲
湖南		晉加楚王希範天策上將軍		
荆南				
閩		閩主昶殺其叔父延武延望	閩主曦弑其主昶而自立稱藩于晉	
漢				

徒兼侍中 晉以唐許王從益爲郇國公

冬十月

天下兵馬元帥 晉以之也

吳越王夫人馬氏卒 初武肅王鏐禁畜聲妓元瓘年三十餘無子夫人爲之請于鏐鏐喜乃聽元瓘納妾生宏倧宏佐宏俶等

十二月

晉禁造

漢平章

珍倣宋版印

		庚子
		春二月
晉	佛寺	晉天福五年 晉北都留守安彥威入朝
南唐		
蜀		
吳越		
湖南		楚平羣蠻立銅柱于溪州
荊南		
閩		閩主曦遣兵擊其弟延政于建州敗績吳越遣兵救建州夏五
漢	事趙光裔卒光裔相漢二十餘年府庫充實邊境無虞及卒漢復以其子損同平章事	

	冬十月	辛丑 春正月	夏四月
	晉加吳越王元瓘尚書令 晉以閩主曦爲閩國王	晉天福六年 吐谷渾降晉不受	
	南唐主如江都		南唐遣使如晉
	吳越王元瓘晉加尚書令		
月延政擊却之	閩主曦晉以爲閩國王	閩以王延政爲富沙王	
		吐谷渾降晉不受	

	六月	秋七月	八月	冬十月
晉	晉成德節度使安重榮執契丹使者上表請伐契丹	晉以劉知遠為北京留守	晉主如鄴都	晉劉知遠招納
南唐				
蜀				
吳越		吳越府署火	吳越文穆王元瓘卒子宏佐嗣	
湖南				
荊南				
閩	閩主曦殺其兄子繼業	閩主曦自稱大閩皇		閩主曦稱帝
漢				

十一月

吐谷渾白承福等徙之內地

晉山南東道節度使安從進舉兵反

十二月

晉安重榮反晉遣杜重威擊敗之

壬寅

晉天福七年六月晉主重貴

漢主龑更名龑（龑疾有胡僧謂名不利乃造龑字改之）

漢主玢光天初

立　　年

	秋七月	六月	五月	夏四月	春正月
晉		晉主敬瑭殂兄子齊王重貴立			晉師入鎮州安重榮伏誅
南唐			南唐以宋齊邱爲鎮南節度使		南唐以宋齊邱知尚書省
蜀					
吳越					
湖南					
荊南					
閩	閩富沙				
漢	漢循州			漢主龑殂子玢立	

	八月	冬十月
	晉討襄州拔之安從進伏誅	
		楚王希
王延政攻汀州不克歸敗福州兵于尤口	閩主曦殺其從子繼柔閩以余廷英同平章事	
盜張遇賢起討之不克（遇賢博羅縣吏時循州盜起奉遇賢為主漢主遣越王宏昌循王宏杲討之不克東方州縣多為遇賢所陷）		

	十二月	癸卯 是歲并殷凡六國三鎮	春二月	三月
晉		晉主重貴仍稱天福八年	晉主還東京	晉以桑維翰為侍中
南唐		南唐元宗璟保大初年	南唐主昪殂	南唐主璟立
蜀				
吳越				
湖南	範作天策府			
荊南				
閩 殷	閩以李仁遇同平章事	殷主王延政天德初年		閩富沙王延政稱帝于建州國號殷
南漢		南漢主晟乾和初年		漢晉王宏熙弒其主玢而自立更名晟

	夏四月朔日食	五月	秋七月
			晉遣使括民穀
			南唐主立其弟景遂為齊王景
閩主曦立尚氏為賢妃		閩主曦殺其校書郎陳光逸 光逸陳曦大惡五十事曦怒殺之	
		漢主晟殺其弟宏杲	

		九月	冬十月
晉		晉主尊其母安氏爲太妃	晉主立其叔母馮氏爲后初高祖愛少弟重胤養以爲子娶馮濛女爲其婦重胤早卒馮夫人寡居有美色晉主初立納之○三綱既絶能無夷狄之禍乎
南唐	達爲燕王		
蜀			
吳越			
湖南			
荊南			
閩			
殷 南漢			

十二月

晉楊光遠誘契丹入寇晉旱水蝗民大饑

南唐以宋齊邱爲青陽公遣歸九華

楚作九龍殿

甲辰

是歲凡六國三鎮閩亡 晉開運初年

春正月

契丹陷貝州權知州事吳巒敗死晉遣兵禦之晉主自將次澶

南唐主敕齊王景遂參決庶政既而罷之

契丹陷晉貝州

州遣劉知遠杜威張彥澤將兵禦契丹

二月

晉：契丹渡河晉主自將及遣李守貞等分道擊之契丹敗走晉定難節度使李彝殷侵契丹

南唐

蜀

吳越

湖南

荊南

閩

殷

南漢

以救晉晉詔劉知遠擊契丹知遠屯樂平不進

三月

契丹寇晉澶州不克引還

晉籍鄉兵

夏四月

晉主還大梁以景延廣為西京

閩指揮使朱文進弒其主曦而自立

漢主晟殺其弟越王宏昌

契丹寇晉澶州不克引還

		秋八月
晉	留守晉遣使分道括率民財晉太尉侍中馮道罷以桑維翰爲中書令兼樞密使	晉以劉知遠爲行營都統杜威爲招討使督十
南唐		
蜀		
吳越		
湖南		
荊南		
閩		朱文進稱藩于晉晉以爲閩國王
殷		
南漢		

九月朔日食	冬十二月	閏月
三節度以備契丹 晉置鎮寧軍于澶州	晉師圍青州楊光遠之子承勳劫其父以降	晉李守貞殺楊
	南唐遣兵攻殷	
	殷遣兵討朱文進南唐遣兵攻殷	閩人討朱文進
		契丹復寇晉

		乙巳 是歲凡五國三鎮殷改稱閩而亡 晉開運二年	春正月	二月
晉	光遠		契丹至相州引還晉主自將追之	晉主至澶州諸將引軍北上契丹陷
南唐				
蜀				
吳越				
湖南				
荊南				
閩	誅之傳首建州		殷改國號曰閩	閩人及南唐人戰閩人敗績
殷				
南漢				

三月	夏四月	五月
晉祁州刺史沈斌死之	晉主還大梁晉復以鄴都爲天雄軍	晉順國
閩李仁達作亂以僧卓巖明稱帝閩主延政遣兵討之	閩兵攻福州不克	閩李仁
契丹還軍南下晉符彥卿等擊之契丹敗走		

		六月	秋七月	八月朔日食
晉	節度使杜威入朝	晉以杜威為天雄節度使 晉遣使如契丹		晉加馮道同平章事
南唐			南唐兵拔鐔州	南唐兵拔建州閩主延政出降
蜀				
吳越				
湖南			楚王希範殺其弟希杲	
荊南				
閩	達殺卓巖明稱藩于唐			南唐拔建州閩主延政出降
南漢				漢主殺其僕射王翷以翷嘗與高祖

汀泉漳州皆降

謀立宏昌賜死

冬十月

南唐以王延政為羽林大將軍

十一月

晉桑維翰罷

吳越殺其臣杜昭達闞璠

丙午

春正月

晉開運三年

南唐以宋齊邱為太傅

	二月朔日食	夏四月	六月	秋八月
晉			契丹寇定州晉遣兵禦之	晉劉知遠殺白
南唐	以李建勳馮延己同平章事	南唐泉州牙將留從效逐其刺史王繼勳而代之	南唐遣陳覺使福州	南唐攻福州克
蜀				
吳越				
湖南				楚王希範晉以
荊南				
南漢				
			契丹寇晉定州	

	冬十月	十一月
承福夷其族晉以楚王希範爲諸道兵馬元帥	晉遣杜威將兵伐契丹	契丹大舉入寇十二月晉將王清戰死杜威等
其外郭		
	吳越遣兵救福州	
爲諸道兵馬元帥		
		契丹大舉寇晉入大梁執晉主重貴以歸

晉

以兵降契丹遣兵入大梁執晉主重貴以歸殺桑維翰因景延廣

唐高祖借突厥之兵肅宗貸回紇之助皆不旋踵而罷其患況石晉得國于契丹者乎傳祚未幾即爲所滅蓋受禍之淺深視其得力之輕重

南唐

蜀

吳越

湖南

荊南

南漢

始是終是毫釐不差矣

丁未

是歲晉亡漢興并蜀南漢南唐凡四國吳越湖南荊南凡三鎮

春正月

漢高祖劉知遠稱晉天福十二年

契丹德光入大梁殺張彥澤景延廣自殺

契丹封晉主重貴為負義侯徙

契丹徙晉主重貴于黃龍府

之黃龍府契丹地契丹以李崧爲樞密使馮道爲太傅晉諸藩鎮皆降故晉主重貴發大梁晉主與太后安太妃馮后及弟叡子延煦延寶俱北遷契丹縱

漢	之黃龍府契丹地契丹以李崧爲樞密使馮道爲太傅晉諸藩鎮皆降故晉主重貴發大梁晉主與太后安太妃馮后及弟叡子延煦延寶俱北遷契丹縱
南唐	
蜀	
吳越	
湖南	
荊南	
南漢	

二月

兵大掠遣使括借士民錢帛晉劉知遠遣使奉表于契丹遣王峻奉表稱臣契丹主賜詔褒美親加兒字于知遠姓名之上

契丹行朝賀禮大赦以趙延壽

南唐主立其弟景遂爲大弟南唐遣使如契丹

荊南節度使高從誨遣使入貢于契丹又遣使詣河東勸進

契丹行朝賀禮大赦以趙延壽

漢	為中京留守 下制稱大遼會同十年○時契丹以恆州為中京 晉劉知遠稱帝于晉陽 晉主知遠自將迎故晉主重貴至壽陽而還 晉遣賊帥梁暉襲取相
南唐	
蜀	
吳越	
湖南	
荊南	
南漢	
	為中京留守

州殺契丹守兵晉主知遠還晉陽陝晉潞州皆殺契丹使者奉表詣晉陽契丹以李從益爲許王唐王淑妃與郇公從益居洛陽趙延壽娶明宗女淑妃詣大梁會禮契

		三月朔
漢	丹主見而拜之曰吾嫂也以從益爲許王復歸于洛 契丹以張礪和凝同平章事	契丹行入閣禮晉主知遠遣使安集農民保山谷避契丹者契丹以蕭翰爲
南唐		
蜀		
吳越		吳越復遣兵救福州敗南唐兵遂取福州
湖南		
荊南		
南漢		
		契丹行入閣禮

夏四月

宣武節度使翰述律太后之兄子其妹復爲契丹主后始以蕭爲姓自是契丹后族皆稱蕭氏○宣武外州也

契丹德光發大梁

晉主知遠以其弟崇爲太原尹

晉以蘇逢吉蘇

契丹德光發大梁

契丹耶律德光

漢	萬珪同平章事契丹耶律德光死于殺胡林（殺胡林在真定府欒城縣北）
南唐	
蜀	
吳越	
湖南	
荊南	
南漢	
	死兄子兀欲自立（在位五年壽三十四〇德光死于殺胡林趙延壽卽日引兵至恆州契丹永康王兀欲東丹王之子也以兵繼入契丹諸將密議奉以爲主延壽不知自稱受契丹皇帝遺詔權知南朝軍國事兀欲銜之兀欲召延壽及張礪等飲執延壽謂礪等曰先帝）

五月

晉主知遠發太原由晉絳

契丹將蕭翰劫李從益稱帝于

楚文昭王希範卒弟希廣嗣

在汴時遺我一籌許我知南朝軍國事近者臨崩而燕王擅自知南朝軍國豈理耶爰集蕃漢之臣于府署宣契丹主遺制即皇帝位改元天祿

	大梁遂北走從益避位翰聞劉知遠擁兵而南欲北歸恐中國無主必大亂時唐許王從益與唐王淑妃在洛陽翰矯契丹主命立從益以爲帝帥酋長百官拜之留燕兵千人爲從益衛而行淑妃權召大臣謀之乃用趙遠翟光鄴策稱梁王知軍國事遣使奉表稱臣迎知遠
漢	
南唐	
蜀	
吳越	
湖南	
荊南	
南漢	
	契丹兀欲勒兵出塞

六月

偽出居私第

晉主知遠入洛陽遣使殺李從益

晉主知遠入大梁諸鎮多降始改國號曰漢

南唐以李金全為北面招討使

吳越忠獻王宏佐卒弟宏倧嗣

契丹兀欲幽其祖母于木葉山述律太后聞契丹主自立大怒發兵拒之兵敗契丹主幽太后于阿保機墓側改元天祿自稱天授皇帝

秋七月

漢以杜重威為歸德節度使重

楚王希廣以其兄希蕚守朗州

荊南襲漢襄郢不克

南漢主晟殺其弟八人

		冬十一月	十二月
漢	威拒命漢發兵討之漢立高祖世祖及四親廟漢以寶貞固李濤同平章事	杜重威出降	漢主之子開封尹承訓卒
南唐			
蜀			蜀人侵漢
吳越			吳越統軍使胡進思廢其君宏
湖南	常德府武陵縣		
荊南			
			吳越戍將殺李仁達夷其族
南漢			

漢主還大梁

倧而立其弟宏倣

戊申

是歲凡四國三鎮

漢乾祐初年二月隱帝承祐立

春正月

漢遣將軍王景崇等經略關中

漢主更名暠

漢以馮道爲太師

漢主暠殂杜重

吳越遷其故主宏倧于衣錦軍

漢	威伏誅 周王承祐立 帝召蘇逢吉楊邠史宏肇郭威入受顧命曰承祐幼弱後事託在卿輩又曰善防重威父子是日殂逢吉等祕不發喪下詔稱重威父子因朕小疾謗議搖衆皆斬之磔尸于市市人爭啖其肉二月立皇子承祐為周王有頃發喪周王即位時年十八
南唐	
蜀	
吳越	
湖南	
荊南	
南漢	

漢隱帝乾祐初年

漢以王景崇爲鳳翔巡檢使

三月

漢徵鳳翔兵詣闕行至長安軍校趙思綰據城作亂李濤罷漢護國節度使李守貞反

夏四月

漢以楊

契丹兀

六月朔日食

秋七月

漢：邠同平章事郭威爲樞密使　漢遣郭從義討趙思綰白文珂王峻討李守貞

漢王景崇叛降于蜀

南唐

蜀：蜀以王昭遠知樞密院事

吳越

湖南

荊南

南漢

欲如遼陽

八月

漢河東節度使劉崇表募兵備契丹

漢以郭威爲西面招慰安撫使

漢郭威督諸將圍李守貞于河中

蜀以趙廷隱爲太傅

冬十月

漢趙暉圍王景崇于鳳

蜀遣兵救王景崇不克

荊南節度使高從誨卒

	（續）	十一月	己酉
漢	翔	漢殺其太子太傅李崧滅其家蜀兵救鳳翔敗漢兵漢郭威引兵赴之蜀兵引還	漢隱帝仍稱乾
南唐		南唐遣兵救李守貞次于海州	
蜀			
吳越			
湖南			
荊南	以其子保融知留後		
南漢		南漢遣兵擊楚取賀昭州	

春二月

夏四月

太白晝見

六月朔

日食

秋七月

祐二年

契丹遷故晉主重貴于建州

漢郭從義誘趙思綰殺之

漢郭威克河中

契丹遷故晉主重貴于建州

	八月	九月	冬十月
漢	李守貞自殺 漢郭威以白文珂爲西京留守	漢加郭威侍中威請加恩將相藩鎮從之	契丹寇河北漢遣郭威
南唐			
蜀			
吳越			
湖南	楚馬希萼攻潭州不克潭州今長沙府楚王希廣所治也		楚靜江節度使馬希瞻
荊南			
南漢			
			契丹寇漢河北

督諸將以禦之

卒

十二月漢趙暉攻鳳翔王景崇自殺

南唐以留從效為清源節度使 清源軍今福建泉州府

庚戌

是歲凡四國三鎮漢亡

漢乾祐三年

夏四月漢以郭威為鄴都留守樞密使如故漢以郭榮為貴

		五月	閏月	秋七月	八月
漢	州刺史榮本姓柴父守禮郭威之妻兄也威未有子時養以爲子	郭威赴鄴	漢大風宮中數有怪大風發屋拔木吹擲門扉一十餘步而落		故晉太后李氏
南唐					
蜀					
吳越					
湖南				馬希萼以羣蠻攻潭州	
荊南					
南漢					

九月	冬十月	十一月朔日食
卒于契丹		漢主承祐殺其
馬希萼來乞師南唐王遣兵助之		
馬希萼遣使乞師于南唐南唐遣兵助之	楚王希廣攻朗州馬希萼還戰楚兵大敗	馬希萼將兵攻
		南漢以宮人爲

漢	樞密使楊邠侍衛指揮使史宏肇三司使王章遣使殺郭威不克威舉兵反遂殺其主承祐 史宏肇楊邠武夫也輕書生王章刀筆吏也亦輕文臣然漢自即位以來楊邠總機政史宏肇
南唐	
蜀	
吳越	
湖南	潭州朗州兵至潭州楚王希廣遣兵拒之馬希萼陷潭州殺楚王希廣而自立
荊南	
南漢	女侍中

典宿衛王章掌財賦其時國家粗安尚賴三人之力既而聽李業等讒言悉誅之又欲殺郭威威擁兵入朝漢士禦之兵敗爲亂兵所弑

漢迎武寧節度使劉贇于徐州

贇高祖弟崇之子也高祖愛之子是郭威與王峻等議立之遣太師馮道等詣徐州奉迎

漢

漢太后臨朝（郭威同羣臣請之也）漢以王峻爲樞密使王殷爲侍衛都指揮使漢以范質爲樞密副使漢劉贇發徐州郭威至澶州自

南唐

蜀

吳越

湖南

荊南

南漢

立而還王峻王殷遣兵拒劉贇以太后誥廢爲湘陰公令郭威監國

王峻王殷威之黨也

辛亥

是歲周代漢北漢建國凡五國三鎮

春正月

周太祖郭威廣順初年

郭威稱皇帝國

北漢主劉崇乾祐四年

國	紀事
周	號周周主邢州人以軍卒爲漢侍中出禦契丹將士大譟或裂黃旗被其體乃即位漢太后遷居西宮號昭聖太后漢河東節度使劉崇表請湘陰公歸晉陽初崇聞隱帝遇害欲起
北漢	
南唐	
蜀	
吳越	
湖南	
荊南	
南漢	

兵南向閭迎立湘陰公乃止及贇廢崇乃遣使請歸晉陽漢湘陰公故將鞏廷美等舉兵徐州周以王殷爲鄴都留守周主爲故漢主承祐舉哀成服周主威弒漢湘

劉崇稱帝于晉

		二月
周	陰公贇于宋州漢劉崇稱帝于晉陽周罷四方貢獻珍食詔百官上封事	周主以其養子榮爲鎭寧節度使 周主毀漢宮寶器
北漢	陽是爲北漢仍用乾祐年號所有者幷汾忻代嵐憲隆蔚沁遼麟石十二州之地北漢主遣其子承鈞伐周不克	北漢遣使如契丹乞師
南唐		
蜀		
吳越		
湖南		
荊南		
南漢		

三月

周克徐州肇廷美死之周加吳越王宏俶諸道兵馬都元帥

吳越王弘俶周加諸道兵馬都元帥

楚遣使入貢于南唐楚將王逵周行逢作亂入于朗州

夏四月

北漢遣使如契丹 使鄭珙以厚賂謝契丹致書稱姪請行冊禮

蜀以伊審徵知樞密院事 審徵蜀高祖之甥也與蜀主相親狎及知樞密貪侈回邪與王昭遠相表裏而蜀政浸衰矣

吳越奉其廢王弘倧居東府

	五月	六月	秋九月
周	周遣將軍姚漢英如契丹契丹留之	周以王峻范質李穀同平章事	
北漢		契丹遣使如漢命其主崇更名旻	
南唐			
蜀			
吳越			
湖南			楚將徐威等伏誅廢其君希萼立希崇為武安
荊南			
南漢			
		契丹遣使如北漢冊命其主崇更名旻	契丹燕王述軋弒其主兀欲而自立述律討殺

冬十月

契丹北漢會兵伐周攻晉州

南唐遣邊鎬將兵擊楚馬希崇降南唐以邊鎬爲武安節度使遷馬氏之

馬希崇降南唐

留後楚人復立希萼居衡山

述軋而代之述律爲帝改元應曆北漢復以叔父事之在位十九年壽三十九

	（續）	十一月	十二月	壬子 是歲周北漢南唐蜀南漢凡五國吳越湖南荊南凡三鎮
周		周遣王峻救晉州	周王峻至晉州契丹北漢兵夜遁	周廣順二年
北漢				
南唐	族于金陵		南唐以馬希萼鎮洪州希崇鎮舒州	
蜀				
吳越				
湖南			馬希萼鎮洪州馬希崇鎮舒州南唐以之也	
荊南				
南漢		南漢取桂州盡有嶺南地		

春正月

周修大梁城

二月

周釋南唐俘遣還

南唐設科舉既而罷之 唐主好文學故韓熙載馮延己延魯江文蔚潘佑徐鉉之徒皆至美官然未嘗設科舉皆因上書言事拜官至是始命文蔚知貢舉執政皆不由科第

唐湖南將孫朗曹進作亂不克奔朗州

		三月	夏四月朔日食	六月朔
周				周主如曲阜謁孔子祠拜其墓
北漢				
南唐	相與沮毀竟罷之	南唐以馮延己孫晟同平章事	南唐遣兵攻桂州南漢擊敗之南唐司徒李建勳卒	
蜀				蜀大水壞其太廟滅亡之證也
吳越				
湖南				
荊南				
南漢				

秋七月

周樞密使王峻辭位不許

周天平節度使高行周卒

冬十月

周平章事李穀辭位不許

南唐馮延己孫晟罷削邊鎬官爵流饒州

楚武平留後劉言遣兵攻潭州南唐節度使邊鎬棄城走言遂取湖南

契丹大水

		癸丑 春正月
周		周廣順三年 周以劉言爲武平節度使 周鎮寧節度使
北漢		
南唐		
蜀		
吳越		
湖南	自是劉言盡復馬氏故地惟郴連入南漢 劉言奉表于周 乞移使府治朗州且請貢獻賣茶悉如馬氏故事許之	劉言周以爲武平節度使
荆南		
南漢		
		契丹寇周 周將楊宏裕擊走之

郭榮入朝

周以王峻兼平盧節度使

周貶王峻爲商州司馬

三月

周主以郭榮爲開封尹封晉王

南唐復以馮延己同平章事

夏六月

九經板成

王逵襲破朗州執劉言殺之

	甲寅	秋八月
周	周顯德初年 正月世祖睿武孝文皇	周築郊社壇作太廟于大梁周鄴都留守王殷入朝周主殺之周主朝享太廟疾作而退
北漢	北漢乾祐七年 孝和帝鈞立	
南唐		南唐復置科舉從徐鉉之請也南唐流徐鉉于舒州貶徐鍇爲校書郎分司
蜀		
吳越		
湖南		王逵還潭州以周行逢知朗州事
荊南		
南漢		

帝榮立

春正月

朔

周主祀圜丘

周以晉王榮判內外兵馬事

周主疾篤詔晉王榮聽政

周以王溥同平章事

周主威殂晉王榮立是爲世宗

	二月	三月
周	北漢主以契丹兵來擊昭義節度使李筠逆戰敗績	周主自將與北漢戰于高平北漢兵敗績 周將樊愛能何徽等伏誅
北漢	北漢主以契丹兵擊周周昭義節度使李筠逆戰敗績	
南唐		
蜀		
吳越		
湖南		
荊南		
南漢		

御批

自後晉至周以篡國馮道歷其事得比肩之人不仰其主俯怍之不何識當何其媿矣乃若猶長著

夏四月

周遣行營部署符彥卿督諸將攻北漢至晉陽盂縣汾遼州降周太師中書令瀛王馮道卒

周立符氏為后符氏彥卿之女也適李守貞之子崇訓及崇訓敗為崇訓妻

樂老以自述其榮遇當時反以德量稱之四維不張于茲爲甚無惑乎其亂亡接踵也

		五月	秋七月	冬十一月
周	太祖爲世宗娶之至是立爲皇后婦而不女書以譏之也	周主攻晉陽不克引軍還	周加吳越王宏俶天下兵馬都元帥	
北漢				北漢主旻殂子鈞立
南唐				
蜀				
吳越			吳越王宏俶周加天下兵馬都元帥	
湖南		王逵徙治朗州以周行逢知潭州事		湖南大饑
荊南				
南漢				

乙卯

春正月

周顯德二年

周浚胡盧河城李晏口以張藏英爲沿邊巡檢使

二月朔日食

周詔羣臣極言得失

南唐以嚴續同平章事

三月

蜀以趙季札爲雄武監軍使

	周	北漢	南唐	蜀	吳越	湖南	荊南	南漢
夏四月	周廣大梁城周以王朴爲諫議大夫知開封府事時范質王溥竇儼竇儀皆名臣王朴尤有志略							
五月	周遣鳳翔節度使王景伐蜀			周拔黃牛寨趙季札遁歸伏誅				
六月	周主親錄囚于內苑			蜀遣使如唐及北漢				南漢主殺其弟宏政

秋七月	九月	冬十一月
周以王景為西南招討使向訓為都監	周王景敗蜀師取秦階成州	周遣李穀督諸軍伐南唐 周疏汴水 周王景克蜀鳳
		南唐遣兵拒周師于壽州周師擊敗之
	周王景取秦階成州	周王景克鳳州擒節度使王環都監趙崇溥死之
		吳越遣使入貢于周

		丙辰
		春正月
周	州擒其節度使王環都監趙崇溥死之	周顯德三年 周以王環為驍衛大將軍 周主自將伐南唐大敗南唐兵斬其將
北漢		
南唐		周主自將來伐斬劉彥貞
蜀		
吳越		
湖南		
荆南		
南漢		

二月

劉彥貞

周以李重進爲都招討使李穀判壽州行府事

周主攻南唐壽州

詔王逵攻南唐鄂州

周主命宿衛將趙匡胤將兵襲

南唐主請和于周周主不答

吳越遣兵襲南唐常州

周詔王逵攻南唐鄂州

岳州團練使潘叔嗣殺王逵迎

周	南唐滁州克之擒其將皇甫暉姚鳳 帝王之興其旒爲氣象自與常人不同是時周世宗舉兵南下趙匡胤實任先鋒之寄滁州之戰唐將皇甫暉乞容成列而戰匡胤笑而許之其度量已異乎常人遠矣至其父時爲馬軍副都指揮使引兵夜至傳呼城門
北漢	
南唐	南唐主遣鍾謨李德明奉表于周 南唐滅故吳主楊氏之族
蜀	
吳越	
湖南	周行逢入朗州行逢討叔嗣斬之
荊南	
南漢	

匡胤以王事不敢開竇儀籍滁州帑藏匡胤遣親吏取藏中絹儀以官物不應命匡胤由是重儀趙普全活疑獄而匡胤益奇趙普凡此皆帝王大度之事非惟同時將帥無之雖當代之君亦豈能有此宜乎興建大業高出千古殊非近代所能企及者矣

周取南唐揚州泰州

國	三月
周	周取南唐光舒蘄州 周遣李德明還南唐南唐主殺之
北漢	
南唐	南唐遣司空孫晟奉表于周 南唐遣將軍柴克宏將兵救常州敗吳越兵遂引兵救壽州未至卒 南唐主以其弟齊王景達爲元
蜀	
吳越	
湖南	
荆南	
南漢	南漢以宦者龔澄樞知承宣院

帥將兵拒周師

夏四月

周主如濠州

五月

周主還大梁留李重進圍壽州

六月

南唐遣員外郎朱元將兵復江北諸州

秋七月

周以周行逢爲武平節度使

南唐朱元等取舒和蘄州周揚

周行逢周以爲武平節度使

		九月	冬十月
周		周以王朴爲樞密副使	周山南東道節度使安審琦入朝除太師遣還鎮 周以趙匡胤爲定國節
北漢			
南唐	滁州守將皆棄城幷兵攻壽州		
蜀			
吳越			
湖南			
荊南			
南漢			

度使兼殿前都指揮使匡胤表趙普爲節度推官

十一月

周殺南唐使者司空孫晟

周召華山隱士陳摶詣闕尋遣還山

周城下蔡

	三月	二月	春正月	丁巳
周	周主復如壽州大破南唐兵南	周更造祭器祭玉命國子監博士聶崇義討論制度爲之圖		周顯德四年
北漢				北漢天會初年
南唐	周大破南唐兵元帥景達奔還		南唐遣兵救壽州周師擊破之	
蜀				
吳越				
湖南				
荊南				
南漢				

唐元帥景達奔還

南唐壽州監軍周廷構以城降周南唐節度使劉仁贍死之周以壽州爲忠正軍徙治下蔡

周主之父光祿

南唐壽州監軍周廷構以城降周節度使劉仁贍死之

周	卿致仕柴守禮犯法周主不問守禮及當時將相王溥王晏韓令坤之父遊處恃勢恣橫洛人畏之謂之十阿父世宗既爲太祖嗣人無敢言守禮子者但以元舅處之優其俸給未嘗至大梁嘗以小忿殺人有司不敢詰世宗知而不問周開壽
北漢	
南唐	
蜀	
吳越	
湖南	
荊南	
南漢	

州倉賑饑民

夏四月 周主還大梁

秋七月 北漢初立七廟

八月 周平章事李穀罷以王朴爲樞密使 蜀主致書于周周主不答

九月 周以竇儼爲中書舍人

冬十月 周設賢良經學 北漢麟州降周

		十一月	十二月
周	吏理等科	周主自將伐南唐攻濠泗州	南唐泗州降周周主遣擊南唐兵至楚州大破之南唐濠
北漢	周以其刺史楊重訓爲防禦使	北漢契丹會兵寇周潞州不克而還	
南唐			南唐濠泗州皆降周
蜀			
吳越			
湖南			
荊南			
南漢			南漢遣使入貢于周不至

州降周周主進兵攻楚州遣兵取揚泰州

周顯德五年

南唐中興初年

南漢主鋹大寶初年

春正月

高保融以水軍會周師伐南唐

二月

周主至揚州

北漢攻周隰州不克

	三月	夏四月	五月朔日食
周	周主臨江遣水軍擊南唐兵破之南唐主遣使盡獻江北地周主罷兵引還周汴渠成	周新作太廟成	周主遣使如南唐餽之
北漢			
南唐	南唐以太弟景遂爲晉王燕王宏冀爲太子南唐主遣使盡獻江北之地于周		南唐主更名景去帝號
蜀			
吳越			
湖南			
荊南			
南漢			

盬還其俘

奉周正朔

秋八月

周遣閤門使曹彬如吳越以兵器賜吳越也

南唐太子宏冀殺其叔父晉王景遂

南漢主晟殂子鋹立鋹年十六

冬十一月

周命竇儼撰通禮正樂

南唐放其太傅宋齊邱于九華山

己未

周顯德六年六月恭帝宗訓立

	春正月	二月	三月	夏四月
周	周命王朴作律準定大樂	周導汴水入蔡水	周樞密使王朴卒	周主自
北漢				
南唐	南唐宋齊邱自殺 齊邱至九華山唐主命鎖其第穴牆給飲食齊邱嘆曰吾昔獻謀幽讓皇帝族于泰州宜其及此乃縊死			
蜀				
吳越				
湖南				
荊南				
南漢				

將伐契丹五月取瀛莫易置雄霸州遂趣幽州有疾乃還

六月

周主立其子宗訓爲梁王

周以魏仁浦同平章事趙匡胤爲殿前

南唐泉州遣使入貢于周周主不受

南唐城金陵

都點檢周主榮殂梁王宗訓立

世宗即位六年善政既多良法初立內修文事外抗武功而其君人之度又有非後世所可及者真可謂五季之賢主矣

	周	北漢	南唐	蜀	吳越	湖南	荊南	南漢	
秋七月	周以都點檢趙匡胤領歸德軍節度使								
九月	周遣兵部侍郎竇儀如南唐		南唐太子宏冀卒唐主以其子從					南漢殺其尚書右丞鍾允章以龔澄樞	契丹遣使如南唐周人殺之

嘉爲吳王居東宮殺禮部侍郎鍾謨南唐以洪州爲南都

爲內太師

庚申

是歲周亡宋代新舊國一大小國四凡五國吳越湖南荊南凡三鎮

周恭帝宗訓初年

宋太祖神德皇帝趙匡胤建隆元年

宋太祖涿郡人生于洛陽夾馬營周世宗時爲

北漢孝和帝劉鈞天會五年

南唐元宗李景十八年

蜀主孟昶廣政二十三年

南漢主劉鋹大寶三年

宋 北漢	南唐	蜀	吳越	湖南	荊南	南漢
春正月 周殿前都點檢趙匡胤稱皇帝國號宋廢周主宗訓爲（都指揮使屢從征伐有功以世宗有點檢作天子之讖以帝代張永德爲殿前都點檢契丹入寇帝禦之師次陳橋驛將士以主幼欲以帝爲天子以黃袍加身遂廢恭帝而卽位）						

鄭王周侍衛副都指揮使韓通死之　通聞陳橋之變謀率衆禦之爲軍校所害

嘗讀宋史至史臣曰太祖得國視晉漢周亦豈甚相絕哉未嘗不嘆其言爲至公而有所自也彼晉漢簒國之由姑置勿論以郭威簒漢言之當夫漢遣郭威伐遼之日威至澶州自立而還廢其主贇爲湘陰公則周之簒漢亦猶漢之簒晉晉之簒唐也趙匡胤當周遣禦契丹之日至陳橋爲衆兵逼立而還廢宗訓爲鄭王與周太祖郭威如出一律非簒而何曰五代庸君暗主彼此相承使非宋祖起而一之孰能一之乎曰恭帝雖幼君也匡胤雖賢臣也臣廢其君可乎曰然則武王爲萬世之聖豈以伐紂爲非邪曰恭帝無商紂之暴匡胤無武王之聖使恭帝暴于商紂匡胤聖于武王亦終犯乎君臣之義況乎恭帝不紂而匡胤不武者乎不然彼伯夷叔齊何甘于首陽之薇而苦于姬周之粟也綱目開卷第一義而予韓通之死節則史臣之論益明矣

宋	宋贈周韓通爲中書令宋論翊戴功加石守信等官爵宋遣使分賑諸州宋主以其弟光義爲殿前都虞候趙普爲樞密直學士
北漢	
南唐	
蜀	
吳越	
湖南	
荆南	
南漢	

宋立太廟追帝其祖考尊高祖朓（唐幽都令）爲僖祖文獻皇帝曾祖珽（唐御史中丞）爲順祖惠元皇帝祖敬（涿州刺史）爲翼祖簡恭皇帝考宏殷（周檢校司徒岳州防禦使）爲宣祖昭武皇帝以四孟及季冬凡五享

宋主視學

	二月	三月	夏四月
宋	宋主尊其母杜氏爲太后 宋以范質王溥魏仁浦同平章事吳廷祚爲樞密使		周昭義節度使
北漢			
南唐		南唐遣使如宋	
蜀			
吳越		吳越遣使如宋	
湖南			
荆南			
南漢		南漢主鋹殺其弟桂王璇興	

李筠起兵會北漢伐宋宋遣兵擊之

五月朔日食

宋主以其弟光美爲嘉州防禦使

宋遷周六廟于洛陽

宋主自將圍澤州六月克其城

	（續）	秋七月	冬十月
宋	李筠死之（筠周之藩臣也）	宋主還以趙普爲樞密副使	周淮南節度使李重進
北漢			
南唐			
蜀			
吳越			
湖南			
荆南		荆南節度使高保融卒弟保勗嗣（保融迂緩國事悉委于母弟保勗及卒保勗權知軍府請命于宋宋主授以節度使）	
南漢			

御批

宋太祖欲察羣情而不

辛酉

宋建隆

十二月

謀起兵拒宋十一月宋主自將擊之重進自焚死重進周之懿親也

南唐遣子朝宋主于揚州

宋主還汴宋以竇儀為翰林學士宋主微行

契丹兀律殺其叔父李胡

安于深宮宴處洵勵精求治之心第當命篤時巡省方問俗進窮簷之父老而使得自言其疾苦則民隱足以周知可無九閽萬里之隔矣

二年	春正月	二月	閏三月	夏四月 朔日食	六月
宋	宋度民田	宋遣使監輸民租	宋以慕容延釗為山南東道節度使		宋太后杜氏殂
北漢					
南唐		南唐徙都洪州			
蜀					
吳越					
湖南					
荊南					
南漢					

太后疾革謂帝曰柴家以幼兒爲主故敗汝百歲後當傳位光義光義傳光美光美傳德昭顧趙普爲誓書藏之○德昭太祖之子也

秋七月

宋罷其侍衛都指揮使石守信等典禁兵

宋主以其弟光義爲開

	八月
宋	封尹光美爲與元尹
北漢	
南唐	南唐主景殂子煜立于金陵
蜀	
吳越	
湖南	
荊南	
南漢	
	女真入貢于宋女真之先居古肅愼地元魏時號勿吉至隋改號靺鞨唐初有黑水粟末兩部後粟末盛彊號渤海國黑水因役屬之渤海既滅黑水部民在南者繫籍于契丹號熟女真在北者不籍于契丹號生女真至

壬戌

宋建隆三年

南唐後主煜初年

是以馬入貢于宋

春正月

宋廣東京城

二月

宋初詔常參官轉對

北漢侵宋晉潞州

宋令大辟諸州不得專決

夏四月

宋以趙贊爲彰武節度使

南唐清源節度使留從効卒牙

		冬十月
宋		宋以趙普為樞密使普于是佐太祖區處天下收藩鎮之權立國家三百年之安宋主匡胤遷鄭王宗訓
北漢		
南唐	將陳洪進執其子紹鎡歸于唐推副使張漢思為留後	
蜀		
吳越		
湖南		武平節度使周行逢卒子保權嗣保權年十一矣
荊南		
南漢		

于房州

十一月

荊南節度使高保勗卒兄子繼沖嗣（繼沖保融之子）

十二月

湖南將張文表襲潭州據之（文表周行逢將也）

南漢誅其內侍監許彥真以李托爲內太師

癸亥

是歲凡五國一鎮荊南降湖南平

宋乾德元年

	春正月	二月
宋	宋遣慕容延釗李處耘假道荊南討張文表	周保權執文表誅之處耘襲江陵高繼冲以荊南降延釗進克潭州周保權
北漢		
南唐		
蜀		
吳越		
湖南		周保權執張文表誅之慕容延釗入朗執周保
荊南		高繼冲以荊南降宋
南漢		

遣兵逆戰敗走延釗遂入朗執保權以歸

權以歸

夏四月

泉州將陳洪進幽其留後張漢思而代之

秋七月

宋主幸武成王廟毀白起像

北漢主殺其樞密使段常

		冬十月	十二月	甲子 春正月
宋		宋以高繼冲爲武寧節度使		宋乾德二年 宋范質
北漢	常無罪而殺之因北漢主寵妃郭氏之姻戚譖愬耳	北漢以郭無爲同平章事	北漢遣侍衛親軍使劉繼文如契丹拘之	
南唐				
蜀				
吳越				
		高繼冲宋以爲武寧節度使		
南漢				南漢侵

	夏四月	六月	冬十一月
王溥魏仁浦罷以趙普同平章事	宋以薛居正呂餘慶參知政事	宋主以其子德昭爲貴州防禦使	宋范質卒
			蜀約北漢侵宋
宋潭州防禦使潘美擊却之			

		十二月
宋	宋主弟光義嘗稱之曰宰輔中能循規矩慎名器持廉節無出質右者但欠世宗一死耳	宋命判太常寺和峴定雅樂
北漢		
南唐		南唐主募人爲僧 梁蕭衍酷好佛而餓死臺城唐李煜酷好僧而爲宋所滅
蜀	宋遣忠武節度使王全斌等伐之	宋王全斌入蜀興州擒其招討使韓保正蜀兵大潰宋劉光義曹彬克蜀夔州蜀寧江制置
吳越		
南漢		

乙丑

是歲宋滅蜀凡四國一鎮

宋乾德三年

春正月

使高彥儔死之

宋王全斌攻蜀劍門克之獲其都統王昭遠

宋劉光義曹彬取蜀五州

蜀太子玄喆將

	（續）	夏六月	丙寅 夏閏五月
宋		宋賜孟昶爵秦國公尋卒	宋乾德四年 宋求遺書 宋主求遺書于
北漢			
南唐			
蜀	兵禦宋至綿州遁還王全斌進次魏城蜀主昶降	孟昶宋賜爵秦國公尋卒	
吳越			
南漢		南漢主殺其招討使邵廷琄	

御批

五星之行于天

冬十一月

宋竇儀卒

兵亂倥偬之日垂情古典尤爲所難綱目所書千數百年僅克一見不亦美乎

十二月

韃靼入貢于宋

韃靼本東北靺鞨之別種唐元和後徙陰山

丁卯

宋乾德五年

春三月

五星聚奎

初竇儼善步星

度數不同遲速各異何由聚于一宿雖史冊書之考諸天文斷之以理終不可信

宋

曆嘗謂楊徽之曰丁卯歲五星聚奎自此天下太平

廣義曰抑觀宋太祖自得其以來國見書于冊者美且多矣觀其度民田賑諸州視國學謹刑罰討叛逆求遺書削藩鎮之權置常參之官討亂國則恩及無辜公財利則除去羨餘與夫求賢才錄功過一皆公平正大之舉是誠帝王致治之大節也書目五星

北漢

南唐

吳越

南漢

夏六月朔日食	秋九月
聚奎豈非以其和順五行而此休徵自至洪範汨陳其五行帝乃震怒與此正相反也孰謂天人相去之遠哉	定難節度使李彝興卒子克叡嗣彝興卽彝殷也宋以周

		戊辰	春二月	三月
宋	保權爲右羽林將軍	宋開寶元年	宋主立宋氏爲后 后左衛上將軍偓之女也	宋覆試貢士 凡關食祿之家子弟登第者悉委中書覆試
北漢		北漢主繼元廣運初年		
南唐				
吳越				
南漢				

夏五月

南唐以韓熙載為中書侍郎

秋七月

北漢主鈞殂養子繼恩立（初世祖女適薛釗生繼恩再適何氏生繼元二子俱幼鈞無子世祖命養為子）

八月

宋遣李繼勳將兵伐北漢

	宋	北漢	南唐	吳越	南漢
九月	宋李繼勳敗北漢兵于銅鍋河進薄太原	北漢司空郭無爲弒其主繼恩而立其弟繼元			
冬十一月	契丹救北漢宋李繼勳引還北漢遂入宋晉絳州 宋主享太廟翌日郊	北漢主劉繼元弒其母郭氏	南唐主立周氏爲后 故后之妹也		

己巳

宋開寶二年

春二月　宋主自將擊北漢三月圍太原

夏閏五月　宋主引還　北漢郭無爲伏誅

契丹弒其主兀律于懷州

契丹耶律賢立　賢小字明扆世宗次子聞契丹主被弒馳赴懷州即位改元保寧在位十四年壽三十五歲

庚午		春正月	夏四月朔日食
宋	宋開寶三年	宋徵處士王昭素為國子博士昭素酸棗人太祖召見年已七十餘問以治世養身之術對曰治世莫若愛民養身莫若寡欲太祖愛其言書于屏几	宋除河北鹽禁
北漢		劉繼文等歸自契丹	
南唐			
吳越			
南漢			
		契丹遣北漢使者劉繼文等歸	

時	一	二	三	四	五	六	七	八	九	十	十一
秋七月	宋省州縣官增其俸										
九月	宋詔修前代帝王陵被盜發者宋遣潘美將兵伐南漢冬十月克賀昭等州									宋遣潘美來伐取賀昭等州	
冬十二月	南漢將李承渥帥兵拒	北漢以僧繼顒爲太師								南漢李承渥拒宋宋潘	

	辛未 是歲宋滅南漢南唐改號江南凡三國一鎮 春二月	
宋	宋開寶四年 宋潘美大破南漢兵于馬逕遂克廣州南漢主鋹降宋加潘美山南	宋潘美進擊大敗之遂拔韶州
北漢		兼中書令
南唐	南唐改號江南	
吳越		
南漢	南漢主鋹降于宋	美擊敗之

東道節度使

夏六月

宋誅南漢宦者龔澄樞李托賜劉鋹爵恩赦侯

冬十月朔日食

十一月

河決澶州

南唐貶國號曰江南遣使朝宋

劉鋹宋賜爵恩赦侯

壬申

宋開寶

	五年 春二月	夏五月	秋九月
宋		大雨河決	宋主出宮人
北漢			
江南	江南主殺其南都留守林仁肇 宋祖忌仁肇威名賂其侍者竊其畫像縣示江南使者林仁肇將降先以此爲信也使者歸白煜煜遂誤殺仁肇		
吳越			

癸酉 宋開寶六年

朔 日食

春三月 鄭王郭宗訓卒宋人葬之謚曰周恭帝宋主素服發哀輟朝十日還葬慶陵之側號曰順陵宋初殿試貢士

夏五月 宋行開

宋武寧

交州丁

宋 寶通禮 初宋主命李昉劉溫叟重定開元禮以國朝附制度爲損益書二百卷號通禮至是行之 交州丁璉入貢詔封璉爲交阯郡王

北漢

江南

吳越

節度使高繼冲卒

璉入貢于宋宋封璉爲交阯郡王 梁末交州土豪曲承美乘中國之亂據有十二州之地南漢遣將李知順攻承美執之置交阯節度使乾德初節度使吳昌文死其參謀吳處玶等爭立攝讙州刺史丁部領擊敗處玶等自領交州帥號大勝王署其子璉

爲節度使尋遜璉位漢既亡璉入貢于宋宋授璉靜海軍節度使加封爵

秋八月

宋趙普免

宋主封其弟光義爲晉王班宰相上又以弟光美兼侍中子德昭同平章事

冬十二月

宋起復盧多遜參知政事

北漢主殺其大內都點檢劉繼

甲戌

春二月朔日食

夏五月

秋九月

宋開寶七年

欽

	宋	北漢	江南	吳越
春二月朔日食				
夏五月			江南遣使如宋	
秋九月	宋遣曹彬將兵伐江南 初宋主欲南伐江南而無名遣李穆論江南入朝江南主聽其臣陳喬等之言不			

果宋遂遣曹彬伐之

冬十月

宋加吳越王俶昇州東南行營招撫制置使

吳越王俶宋加昇州東南行營招撫制置使

十一月

宋潘美渡江江南將鄭彥華等拒戰敗走

宋始修日曆命宰輔日錄時政送史

館其心可謂公矣視彼自觀國史者豈不多哉

歷代統紀表卷之十

珍倣宋版印

歷代統紀表卷之十一

偃師段長基述　孫鼎鑰鼎鈞校刊

宋紀

太祖神德皇帝

姓趙名匡胤涿郡人都汴在位十七年

乙亥　開寶八年　是歲江南亡唯北漢至太平興國四年乃亡○宋建隆初曷爲分注其年號而此大書何天下未一宋亦列國耳故細書之今此大書者按凡例宋得天下頗類唐故開寶八年大書如武德七年例是亦史外傳心之要法也

春二月

三月

同姓王

異姓臣

曹彬大敗江南兵于秦淮進圍金陵

異國

契丹遣使來通好

夏四月彗星見東方		吳越王俶取江南常州	
秋七月朔日食			遣使如契丹
冬十月		江南主使徐鉉來乞緩師不許	
		曹彬將王明大破江南兵于皖口獲其都虞侯宋令贇	
十一月		曹彬克金陵江南主煜降門下侍郎陳喬死之	
丙子九年十二月太宗皇帝太平興國元年			
春正月		曹彬振旅而還詔賜李煜爵違命侯	
二月以曹彬爲樞密使		吳越王俶來朝	

三月以子德芳爲貴州團練使

帝如西京

夏四月郊大赦還宮

秋八月

帝幸晉王光義第

冬十月帝崩晉王光義即位

癸丑帝崩甲寅晉王即位號宋后爲開寶皇后遷之西宮

以盧多遜同平章事楚

封弟廷美爲齊王兄

李燾曰上不豫夜召晉王屬以後事左右皆不得聞但遙見燭影下晉王時或離席若有所遜避之狀既而上引柱斧戳地大聲謂晉王曰好爲之已而帝崩顧命大事也實錄正史皆不能記惜哉

遣侍衛都指揮使党進率兵伐漢九月敗漢兵于太原契丹救之

昭輔爲樞密使

子德昭爲武功郡王德芳爲興元尹廷美即光美也

十一月

進封劉鋹衛國公李煜隴西郡公

十二月大赦改元

太宗皇帝名光義更名炅太祖弟在位二十二年壽五十九歲

丁丑太平興國二年按書法綱目非元年不書號此二年也曷爲書之改元于去年也

春二月賜禮部進士呂蒙正等及第初太祖幸洛陽張齊賢以布衣獻策及還語帝曰我幸西

都唯得一張齊賢異時可使輔汝爲相也是時齊賢亦在選中有司置于下第帝不悅故一榜自呂蒙正以下盡賜及第

帝更名炅

夏四月葬永昌陵

秋九月容州初貢珠

冬十一月朔日食既

戊寅 三年

春二月立崇文院

夏四月

五月

陳洪進獻漳泉二州 以洪進爲武寧節度使

吳越王俶以其地來歸詔封俶爲淮海國王

定難節度使李克叡

卒子繼筠嗣

唐僖宗丙午拓跋思恭與諸鎮平朱玫之亂賜姓李節度夏綏銀宥靜五州傳弟思諫思諫卒思恭之孫彝昌襲被殺族子仁福立封朔方王傳子彝超至彝興立封爲西平王卒宋追封夏王子克叡立傳繼筠繼捧以宋太宗壬午納土歸朝凡據鎮九十七年繼捧族弟繼遷復叛仍據夏州稱夏國王子德明至孫元昊稱帝

秋七月以孔宜襲封文宣公

隴西公李煜卒

己卯 四年 是歲北漢亡

春正月新渾儀成

以潘美爲北路都招討使

二月帝自將伐漢

夏四月帝至太原督諸軍圍城五月漢主繼元降

詔賜爵彭城郡公

徙太原民于幷州

詔毀太原舊城爲平晉縣以榆次縣爲幷州徙太原民居之

帝發太原六月遂伐契丹圍幽州秋七月與契丹耶律休哥大戰于高粱河敗績乃還

八月

		皇子武功郡王德昭自殺 德昭從帝征幽州及還帝以征北不利久不行太原之賞德昭以爲言帝不悅曰待汝自爲之賞未晚也以帝聞有謀立德昭之事也德昭退而自
	定難留後李繼筠卒弟繼捧嗣	

九月

冬十月

昭追封魏王謚曰懿

進封齊王廷美為秦王

以楊業為代州刺史 業本漢建雄節度使劉繼業帝克太原聞其勇召見復楊姓業善戰號楊無敵

庚辰五年

春三月

秋七月

冬十月契丹寇瓦橋關十一月帝自將禦之次于

魏公劉鋹卒 追封南越王

楊業敗契丹于鴈門殺其將蕭咄李

交州亂命蘭州團練使孫全興討之

大名契丹軍退乃還

十二月

契丹以耶律休哥爲于越 于越契丹王貴之職也

辛巳 六年

春三月

皇子興元尹德芳卒 贈中書令岐王

罷交州兵徵孫全興棄市

秋九月朔日食

以趙普爲司徒兼侍中

以石熙載爲樞密使

冬十一月楚昭輔罷

女真遣使來貢

壬午 七年

春三月朔日食

罷秦王廷美爲西京留守

夏四月以竇偁郭贄參知政事

勒秦王廷美就第流盧多遜于崖州

秦王之冤多遜之逐皆趙普懷奸肆謟之所致也厥後京惇秦檜侘胄彌遠排斥忠良操戈王室謂非趙普之作俑不可也

五月

秋九月

秦王廷美就第

貶秦王廷美爲涪陵縣公安置房州

定難留後李繼捧入朝獻銀夏綏宥四州

六月繼捧弟繼遷叛走地斤澤

自繼遷叛走而釀成西夏之禍是亦氣數之適然夫豈人謀之也耶

契丹耶律賢死子隆緒立

在位四十九年壽六十一

冬十月竇偁卒

十一月

十二月朔日食

癸未 八年

春正月罷樞密使曹彬以王顯弭德超爲樞密副使

二月朔日食

以宋琪參知政事

夏五月河決滑州

河大決滑州之韓村汎澶濮曹濟諸州壞民田廬東南流至彭城入于淮詔發丁夫十餘萬塞之

六月以王顯爲樞密使

竇偁卒

以李繼捧爲彰德節度使

秋七月大水 江河漢睢穀洛瀍澗水溢溺死者以萬計

郭贄免以李昉參知政事

八月石熙載罷

冬十月趙普罷

十一月以宋琪李昉同平章事李穆呂蒙正李至參知政事張齊賢王沔僉書樞密院事

甲申 雍熙元年

春正月求遺書

涪陵公廷美以憂卒 追封涪王謚曰悼○陛下豈容再誤之言踐矣噫普其忍

廷美以憂卒 以其子德恭德隆爲刺史

李穆卒

以呂文仲爲翰林侍讀王著爲侍書 帝勤于讀書自巳至申然後釋卷詔史館修太平御覽一千卷

人也哉

夏四月羣臣請封禪許之五月乾元文明殿災六月詔求直言罷封禪冬十月華山隱士陳摶入朝賜號希夷先生還華山尋卒

十二月立妃李氏爲皇后后淄州刺史處耘之女

封陳洪進爲岐國公

乙酉 二年

春二月

李繼遷誘殺都巡檢使曹光實遂襲銀州據之

秋九月

冬十二月朔日食

宋琪免

南康軍大雨雪江水冰

丙戌三年

春正月李至罷

二月

三月

廢楚王元佐為庶人 元佐帝長子因廷美遂發狂疾

以曹彬田重進潘美等為都部署將兵伐契丹

李繼遷降契丹

曹彬取涿州

田重進敗契丹兵于飛狐

潘美取寰朔應雲州

岐公陳洪進卒

夏五月

六月朔日食

以辛仲丙參知政事

秋七月

八月以王沔張宏爲樞密副使

冬十二月

丁亥 四年

夏四月遣使募兵于諸州

潘美副將楊業擊契丹敗績轉戰至陳家谷死之

貶曹彬爲右驍衛上將軍

以張齊賢知代州

張齊賢敗契丹于代州

契丹隆緒大舉入寇遂掠邢深德州

李繼遷請婚于契丹

契丹以女妻李繼遷

契丹以女歸之

戊子

端拱元年

春正月親耕籍田赦

二月改補闕拾遺爲司諫正言

李昉罷

以趙普爲太保兼侍中

呂蒙正同平章事

以王沔參知政事楊守一僉書樞密院事

夏五月作祕閣

改封錢俶爲鄧王

以李繼捧爲定難節度使賜姓名趙保忠 李繼遷侵擾日甚趙普復請命繼捧鎮夏川帝召見加賜遣之

鄭州團練使侯莫陳利用有罪賜死

秋八月

鄧王錢俶卒俶卒輟朝七日追封秦國王諡忠懿命中使護喪葬洛陽自鏐至俶世有吳越而俶任太師尚書令兼中書令者四十年爲天下兵馬大元帥者三十五年既以地歸朝四徙大國始善令終窮極富貴福履之盛近代無比

己丑 二年

春正月 自二月不雨至于夏五月

秋七月以張齊賢爲樞密副使張遜僉書樞密院事

彗星出東井八月赦

大旱

都巡檢使尹繼倫襲契丹耶律休哥于徐河大敗之

契丹陷易州遷其民于燕

庚寅 淳化元年

春正月趙普罷

夏四月詔貸江州義門陳兢粟

兢陳宜都王叔明之後九世同居長幼凡七百口不畜僕妾上下婣睦人無間言唐僖宗及南唐時旌其門開寶初免徭役至是每歲貸粟二千石

冬十二月

辛卯 二年

春閏二月朔日食

辛仲甫罷

夏四月以張齊賢陳恕參知政事張遜溫仲舒寇

李繼遷契丹封為夏王

契丹封李繼遷為夏王

準爲樞密副使

張宏罷

六月

秋七月

八月置審刑院

九月王沔陳恕呂蒙正罷

以李昉張齊賢同平章

事賈黃中李沆參知政

事

王顯免以張遜知樞密

忠武節度使韓公潘美卒 諡武惠

李繼遷請降以爲銀州觀察使賜姓名趙保吉

院事温仲舒寇準同知

院事

冬十月

壬辰

三年

春二月朔日食

夏六月置常平倉于京師

秋七月趙普卒

召終南隱士种放不至（放洛人）

趙保忠叛降契丹契丹封為西平王彭城公劉繼元卒（進封彭城郡王）

趙普卒（卒年七十一帝聞之震悼○史臣曰陳橋之事人謂普及太宗先知其謀理勢或然及其當揆獻可替否惟義之從其功大矣獨廷美盧多遜之獄大為太宗之累豈其學力有限而猶有患得患失之心與君子惜焉）

契丹封趙保忠為西平王

女真請伐契丹不許（自是不復入貢遂屬契丹）

癸巳 四年

春二月朔日食

置審官院

夏五月

六月張齊賢罷以呂端參知政事

張遜寇準免以柴禹錫知樞密院事劉昌言同知院事

秋八月朔日食

九月大水

冬十二月河決澶州

以錢若水爲翰林學士

交州黎桓入貢詔封爲交阯郡王 桓遣使來貢并上丁璿讓表朝廷懲孫全興之敗許之詔封交阯郡王尋進封南平王

李昉賈黄中李沆温仲舒罷以呂蒙正同平章事蘇易簡趙昌言參知政事趙鎔向敏中同知樞密院事

閏月周太后符氏卒 周世宗后也

以陳恕爲三司總計使

甲午 五年

春正月饑

趙保吉寇靈州以李繼隆爲河西都部署討之

三月

李繼隆入夏州執趙保忠赴京師

夏四月置起居院

削趙保吉姓名墮夏州城

五月

秋七月

八月

九月以寇準參知政事

冬十二月朔日食

乙未 至道元年

春正月帝觀燈于乾元樓

劉昌言免以錢若水同知樞密院事

夏四月呂蒙正柴禹錫蘇易簡罷以呂端同平章

賜趙保忠爵宥罪侯

李繼遷遣使來貢

高麗請伐契丹詔諭止之

以張詠知益州

以襄王元侃爲開封尹進封壽王 元侃帝第三子欲立爲皇太子故以爲開封尹進封壽王

以陳恕爲鹽鐵使

契丹寇府州折御卿擊敗之

契丹寇雄州何承矩禦却之

事張洎參知政事趙鎔
知樞密院事
開寶皇后宋氏崩貶翰
林學士王禹偁知滁州
后疾甚遷于故燕國長公主
第崩權殯佛舍羣臣不成服
禹偁對客言后嘗母儀天下
當遵舊禮帝不悅坐謗訕責
知滁州王禹偁立朝敢
言以直躬行道爲己任
六月
秋八月立元侃爲皇太子
更名恆大赦
冬十二月

以李繼遷爲鄜州節
度使繼遷不奉詔

契丹寇府州折御卿
禦之卒于軍

丙申 二年

春二月以李昌齡參知政事

以太祖孫惟吉為閬州觀察使（惟吉魏王德昭長子也太祖崩時裁六歲）

夏四月

秋七月寇準免

遣李繼隆等分道討李繼遷

八月

九月秦晉諸州地震

李繼隆副將范廷召遇李繼遷于烏白池擊敗之繼隆不見虜而還

大有年

丁酉 三年

春正月張洎罷

以温仲舒王化基參知政事李惟清同知樞密院事

葬孝章皇后

開寶皇后崩至是踰三年而始葬太宗無兄之心益著矣

分天下州軍爲十五路

三月帝崩太子恆卽位

帝不豫宣政使王繼恩忌太子英明陰與李昌齡胡旦等謀立楚王元佐后召吕端問之端曰陛下立太子正爲今日豈容更有異議后默然乃奉太子至福寧殿卽位垂簾引見羣臣端平立殿下不拜請捲簾審視然後率羣臣拜焉

按太宗沉謀英斷勤儉自勵故能削平海內功業炳然但太祖之崩不踰年而改元涪陵武功之不得其死宋后之不成喪俱倫常之有虧者後世不能無議焉

夏四月尊皇后爲皇太后

以李至李沆參知政事

五月立郭氏爲皇后宣徽南院使守文之女也

六月錢若水請罷許之

秋八月趙鎔李惟清罷以曹彬爲樞密使向敏中夏侯嶠爲副使

冬十月葬永熙陵

十二月追尊太宗賢妃李氏爲皇太后

宋真宗咸平元年

追復涪王廷美爲秦王復封兄元佐爲楚王

李昌齡有罪貶爲司馬降王繼恩均州安置流胡旦于潯州討謀立楚王之罪也

李繼遷請降以爲定難節度使復賜姓名

帝生母也

趙保吉 繼遷四世祖思忠討黃巢立功唐因以李賜姓遂有西夏之地開寶七年以定難都知蕃落使叛作臣作叛但賜其姓名與削耳噫削亦叛賜亦叛于賜與削果何益哉

真宗皇帝 名恆太宗子在位二十五年壽五十五歲

戊戌 咸平元年

春正月彗星見詔求直言

夏四月遣使按諸路逋負悉除之

五月朔日食

冬十月朔日食

呂端李至溫仲舒夏侯嶠罷以張齊賢李沆同

平章事向敏中參知政事楊礪宋湜爲樞密副使

十一月

己亥 二年

春閏三月旱求直言

夏六月樞密使兼侍中魯公曹彬卒

秋七月初給外任官職田以官莊及遠年逃田充之

以王顯爲樞密使

九月朔日食

魯公曹彬卒彬仁恕清慎能保功名守法度爲宋良將第一追封濟陽王諡武惠

契丹耶律休哥死休哥領燕十有七年省賦役恤孤寡戍兵無犯邊境雖牛馬逸于北者悉來還

冬十月

十二月帝自將禦契丹次于大名

契丹隆緒大舉入寇

庚子

三年

春正月帝至自大名

二月王顯罷以周瑩王繼英知樞密院事王旦同知院事

三月朔日食

夏四月太子太保呂端卒

冬十一月張齊賢免

呂端卒 謚正惠

契丹引還范廷召追敗之

辛丑

四年

春二月詔羣臣子弟補京官者試一經
三月以呂蒙正向敏中同平章事
王化基罷以王旦參知政事馮拯陳堯叟同知樞密院事
夏四月以王欽若參知政事
六月汰冗吏
頒九經于州縣學校
秋八月以張齊賢爲涇原諸路經略使
九月
冬十月

回鶻入貢

趙保吉反陷清遠軍

契丹寇遂城都部署王顯敗之

壬寅	癸卯
五年 夏六月周瑩罷 秋七月朔日食 九月 冬十月向敏中免	六年 春二月 夏四月 六月以寇準爲三司使陳恕罷 秋九月呂蒙正罷 冬十一月有星孛于井鬼
召种放爲左司諫直昭文館	以六谷酋長潘羅支爲朔方節度使以厲戩力討趙保吉也 復以張詠知益州

十二月

趙保吉陷西涼殺丁惟清朔方節度使潘羅支會蕃部擊敗之保吉走死子德明嗣

甲辰　景德元年

春正月京師地震 丙申震癸卯丁未復震

三月皇太后李氏崩 謚曰明德

夏六月

秋七月尚書右僕射同平章事李沆卒

以畢士安參知政事

趙保忠卒

李沆卒 帝謂沆忠良純厚始終如一贈太尉中書令謚文靖

盜殺朔方節度使潘羅支

八月以畢士安寇準同平章事王繼英爲樞密使馮拯陳堯叟僉書樞密院事

閏九月

冬十月置龍圖閣

十一月契丹進寇澶州帝自將禦之

以王旦爲東京留守

十二月朔日食

帝渡河次澶州契丹請盟而退

帝至自澶州

契丹隆緒大舉入寇

契丹進寇澶州

契丹請盟而退

乙巳 二年

春正月大赦

二月

夏四月王欽若罷以馮拯參知政事

秋七月增置制舉六科

曰賢良方正能直言極諫博通典墳達于教化才識兼茂明于體用詳明吏理可使從政識洞韜略運籌決勝軍謀宏遠材任邊寄凡六科

八月有星孛于紫微

以向敏中知延州

以馬知節楊延昭等知河北諸州

山南東道節度使李繼隆卒

繼隆處耘之子

韃靼九部致貢于契丹

歸幣于契丹

自是歲以爲常○歸者彼有求而與之之辭也

冬十月吏部侍郎同平章
事畢士安卒
十一月契丹遣使來聘

丙午三年

春二月罷寇準知陝州

澶淵之役苟無寇準則天下分為南北矣茲因王欽若以陛下為孤注之言出知陝州真宗于聽德之聰有少虧而亦不能無過焉

以王旦同平章事趙安
仁參知政事
以王欽若陳堯叟知樞
密院事韓崇訓馬知節
僉書院事
置諸州常平倉

畢士安卒 帝謂士安飭躬畏謹有古人之風諡文簡

王繼英卒

契丹入聘

夏五月

冬十月葬明德皇后

丁未 四年

春正月帝如西京謁諸陵

作太祖神御殿三月還宮

夏四月皇后郭氏崩 諡曰莊穆

五月朔日食

增孔子守塋戶 凡二十戶

六月葬莊穆皇后

趙德明請降詔以爲定難節度使

南平王黎桓死子龍廷殺其兄龍鉞而自立

契丹城遼西爲中京

秋七月

八月韓崇訓罷

戊申大中祥符元年

春正月有天書見于承天門大赦改元

三月詔議封禪

夏四月以王旦兼封禪大禮使

六月得天書于泰山羣臣上帝尊號

作玉清昭應宮奉天書也

冬十月帝封泰山禪社首大赦

交州黎龍廷入貢詔封爲交阯郡王賜名至忠

十一月帝過曲阜謁孔子
加謚玄聖文宣王
還宮

己酉 二年
春二月
三月朔日食
夏四月三司使丁謂上封
禪祥瑞圖
冬十二月罷制舉諸科

以方士王中正爲左武衛將軍
漢以欒大爲五利將軍宋以王中正爲左武衛將軍俱非其義

契丹隆緒母蕭氏死

庚戌 三年
春二月贖呂端第賜其家

交州將李公蘊殺其

夏五月

冬十一月

主黎至忠遣使入貢
詔封公蘊爲交阯郡
王
交州自丁氏竊據以來不數十年凡三易姓其禍慘矣

高麗康肇弑其主誦
立誦兄詢而相之

契丹伐高麗執康肇
誅之王詢奔平州

辛亥 四年

春二月帝祭后土于汾陰
大赦
三月召陝州隱士魏野不
至
帝過西京遂謁諸陵
夏四月還宮

呂蒙正卒

太子太師呂蒙正卒

秋七月馮拯罷

壬子

五年

夏四月復以向敏中同平章事

五月賜杭州隱士林逋粟帛

秋八月朔日食

九月罷參知政事趙安仁以王欽若陳堯叟爲樞密使丁謂參知政事馬知節爲樞密副使

冬十月帝言聖祖降于延恩殿

聖祖指趙之始祖趙玄朗言也

十一月以王旦兼玉清昭

諡文穆

高麗王詢乞降于契丹

應宮使

作景靈宮奉聖祖也

改孔子謚以玄字犯聖祖諱改玄聖爲至聖

十二月立德妃劉氏爲皇后后虎捷都指揮使通之女

癸丑六年

春正月禁內臣出使干預公事

冬十二月朔日食

獻天書于朝元殿

甲寅 七年

春正月帝如亳州謁老子於太淸宮

以應天府爲南京

二月還宮大赦

夏四月

六月王欽若陳堯叟馬知節免

司空張齊賢卒

以寇準爲樞密使

冬十月

十一月玉淸昭應宮成 作此宮以奉天書也

十二月朔司天監奏日食

張齊賢卒 謚文定

沙州入貢

契丹伐高麗大敗而還

高麗入貢

不應

戶部獻天下民數 戶九百五萬五千七百二十九口二千一百九十七萬六千九百六十五

乙卯 八年

春二月

夏四月寇準罷以王欽若陳堯叟爲樞密使

朝元殿火

六月朔日食

秋九月賜信州道士張正隨號真靜先生

加楚王元佐天策上將軍賜劍履上殿詔書不名

樞密直學士知陳州張詠卒

吐蕃唃廝囉請伐夏州不許

初漢張魯子自漢中徙居信州龍虎山世以鬼道惑衆正隨其後也

丙辰 九年
夏六月畿內蝗
秋九月丁謂陳堯叟免以陳彭年王曾張知白參知政事任中正爲樞密副使
罷諸營建

丁巳 天僖元年
夏五月以王旦爲太尉侍中參決軍國重事旦固辭許之
秋七月王旦罷
旦疾甚求避位帝許之

八月以王欽若同平章事
九月王曾罷以李迪參知政事馬知節知樞密院事曹利用任中正同知院事
太尉玉清昭應宮使王旦卒

王旦卒

玉清昭應宮使異端之銜也綱目于旦卒而書其銜者著其終身之醜行也

戊午

二年

夏閏四月馬知節罷
六月以曹利用知樞密院事
彗星出北斗
秋八月立子受益爲皇太子更名禎赦

受益司寢李氏所生皇后養以爲子與楊淑妃同撫育之

祥符九年封壽春郡王就學
于資善堂未幾進封昇王至
是立爲
皇太子

冬十月

十二月張知白罷
知白與欽若論議
多相失因稱疾辭

己未 三年

春三月朔日食
得天書于乾佑中

夏六月王欽若有罪免以
寇準同平章事
巡檢朱能挾內侍都知周懷
政詐爲天書時寇準知永興
軍以聞詔迎入禁中中外皆
識其詐帝獨信之魯宗道孫
奭皆切諫不聽準
由是得召用矣

契丹伐高麗戰于茶
陀二河大敗

以丁謂參知政事

河決滑州 泛澶濮鄆濟徐境

秋七月羣臣上帝尊號大赦

八月大會道釋于天安殿 凡萬三千八十六人真宗可謂愚惑之甚矣

冬十一月帝謁景靈宮享太廟祀天地于圜丘大赦

庚申 四年

春二月帝有疾不視朝

三月尚書左僕射同平章事兼景靈宮使向敏中

彰德留後馬知節卒

向敏中卒 敏中端厚沉毅識大體善處繁劇時以重德目之

卒

夏四月有兩月並見西南

月乃陰魄借陽以明兩月並見陰盛之極與陽相抗君道之虧莫明于此矣

六月寇準罷

秋七月以李迪丁謂同平章事馮拯爲樞密使

貶寇準知相州

八月以任中正王曾參知政事錢惟演爲樞密副使

貶寇準爲道州司馬

九月帝疾瘳

冬十一月李迪丁謂罷翌日謂復留視事

高麗求成于契丹

詔太子參議朝政以馮
拯同平章事

辛酉
五年
春正月以張士遜爲樞密
副使
秋七月朔日食
九月
冬十一月貶王欽若爲司
農卿分司南京

壬戌
乾興元年
春二月羣臣上帝尊號
帝崩遺詔皇后權處分
軍國事太子禎卽位尊
皇后爲皇太后

吐蕃唃廝囉來降

胡一桂曰真宗景德以前足爲繼世之賢君祥符以後不過矯誣上天之主呂中曰景德以前之相呂端張齊賢李沆呂蒙正畢士安寇準王旦皆君子而李沆之賢爲最祥符以後王欽若陳堯叟馮拯丁謂曹利用皆小人而欽若之奸邪爲最雖有向敏中李迪亦不踰時去矣吁以數君子成之不足以一小人敗之有餘相道之關于君德如此夫

夏四月貶寇準爲雷州司戶李迪爲衢州團練副使

丁謂纔相卽欲殺準者慮其復起而奪之位也故累貶之然恐其不死又賜劍以迫之何其殘忍若是也然準亦不得謂無罪也彼天書何等物準則藉其復進懷政何等人準則聽其附己君子立身行己之要萊公想未之講張益州謂其不學無術其信然矣

六月契丹遣使來弔祭

內侍雷允恭伏誅

契丹遣使弔祭

丁謂任中正免
秋七月朔日食幾盡
以王曾同平章事呂夷
簡魯宗道參知政事錢
惟演爲樞密使
丁謂有罪貶崖州司戶
參軍
八月太后同御承明殿聽
政
冬十月葬永定陵以天書
殉
十一月錢惟演罷
以張知白爲樞密副使
帝初御經筵

吐蕃李立遵來附

仁宗皇帝 名禎真宗子在位四十一年壽五十四歲

癸亥 天聖元年

春正月立計置司罷榷茶鹽行貼射通商法

秋九月馮拯罷以王欽若同平章事

閏月故相寇準卒于雷州

故相寇準卒

詔許歸葬西京○太史臣曰準論建太子謂不可謀及婦人謀及中官謀及近臣澶淵之幸力沮衆議竟成儁功古所謂大臣者于斯見之然挽衣留諫面詆同列雖有直言之風而少包荒之量定策禁中不慎所與致啓懷政邪謀坐竄南裔勳業如是而不令厥終所謂臣不密則失身信哉

甲子 二年

夏五月朔司天監奏日食不應

秋八月帝臨國子監謁孔子

冬十一月立皇后郭氏 后平盧節度使崇之孫女時張美人有寵帝欲立之太后不可而止故后雖立而頗見疎

乙丑 三年

冬十月以晏殊爲樞密副使

十一月王欽若卒

十二月以張知白同平章事張旻爲樞密使

王欽若卒

丙寅 四年	丁卯 五年
夏五月 六月大水 京師大雨平地水數尺 冬十月朔日食	春正月朔帝率羣臣朝太后于會慶殿 晏殊罷以夏竦爲樞密副使 夏五月
	楚王元佐卒
契丹伐回鶻圍甘州兵敗而還 自是党項阻卜諸部皆叛契丹兵將多敗死	

戊辰六年

春二月工部尚書同平章事張知白卒

三月朔日食

以張士遜同平章事姜遵范雍爲樞密副使

夏五月

己巳七年

春正月曹利用罷

二月參知政事魯宗道卒

張士遜罷

以呂夷簡同平章事夏

張知白卒 謚文節

趙德明使其子元昊襲回鶻甘州取之 德明雖臣事中國及契丹于本國則稱帝至是以元昊立爲皇太子

魯宗道卒 剛正嫉惡遇事敢言

曹利用自殺

竦薛奎參知政事陳堯佐爲樞密副使安置曹利用于房州至襄陽自殺

復制舉諸科詔復賢良方正等六科

三月

夏六月玉清昭應宮災罷王曾知兗州

秋八月朔日食

以陳堯佐王曙參知政事夏竦爲樞密副使

冬十月京師地震

宋仁宗天聖七年

給契丹流民田

契丹詳穩大延琳據遼陽反冬十月契丹將蕭孝穆討平之大延琳是遼東附契丹者至是爲變僭號契丹主徵兵討之

十一月	庚午 八年 秋九月姜遵卒以趙稹爲樞密副使	辛未 九年 夏六月	秋七月	壬申 明道元年 春二月以張士遜同平章
出秘閣校理范仲淹通判河中			遣龍圖閣待制孔道輔等使契丹 主弔祭也	
		契丹隆緒死子宗真立其母蕭耨斤治國事 宗真在位二十四年壽四十		

事

真宗宸妃李氏卒

李氏杭州人實生帝者太后既取帝爲己子與楊太妃保護之人畏太后無敢言者故帝雖春秋長不自知爲李氏出也李氏疾革太后欲以宮人禮治喪于外呂夷簡力爭之乃殮以后服以水銀實棺以一品禮殯于洪福院

三月

秋七月王曙罷以晏殊參知政事楊崇勳爲樞密副使

宮中火詔羣臣言闕失

契丹蕭耨斤弒其主母蕭氏

耨斤慮契丹主懷齊天后鞠育之恩因其蒐于雪林遣人馳至賜死○以媵妾而弒其主母其惡極矣

九月復作受命寶以舊寶冊爲宮火所焚故也

冬十一月以楊崇勳爲樞密使

癸酉 二年

春二月彗星見于東北不踰年而元昊反

太后有事于太廟婦人無事不踰閫閾況在朝廷尤宜加謹前書太后同御承明殿已失國體至是又復有事于太廟且被服天子衮

夏王趙德明卒子元昊嗣是歲封德明爲夏王未幾卒贈太師尚書令兼中書令遣楊吉授元昊三使封西平王契丹亦遣使冊元昊爲夏國王因避父諱改明道爲顯道稱于中國

寃則其他
可知矣

帝耕籍田

三月皇太后劉氏崩尊太妃楊氏爲皇太后帝始親政

夏四月呂夷簡張耆夏竦陳堯佐范雍趙稹晏殊罷

以李迪同平章事王隨參知政事李諮爲樞密副使王德用僉書樞密院事

追尊母宸妃李氏爲皇太后

左右有爲帝言陛下乃李宸妃所生謂妃死非命帝號慟

宋仁宗明道二年

尊爲太后易梓宮視之玉色如生被服如皇后帝乃待劉氏加厚○呂夷簡先見之功也

六月朔日食

秋七月旱蝗詔求直言

冬十月葬莊獻明肅劉氏皇后莊懿李氏皇后于永定陵

張士遜楊崇勳罷以呂夷簡同平章事宋綬參知政事王曙爲樞密使王德用蔡齊爲副使

十一月贈寇準中書令復萊國公謚忠愍

薛奎罷

廢皇后郭氏謫御史中丞孔道輔右司諫范仲淹因諫廢皇后也

丙戌 景祐元年

春正月置崇政殿說書

夏五月

秋七月

八月有星孛于張翼

同姓王

異姓臣

王曙卒

夏割據

趙元昊反寇環慶

遼

契丹宗真幽其母蕭氏于慶州太后蕭氏欲立少子重元事泄宗真幽之

王曙卒以王曾爲樞密使

九月立曹氏爲皇后 彬之女孫也

冬十月

乙亥 二年

春正月作邇英延義二閣 孫奭嘗上無逸圖帝命施于請讀閣至是又詔蔡襄寫無逸篇于閣屏

二月育宗室允讓子宗實于宮中

趙元昊進毒弒其母衛慕氏 母族人山喜謀殺元昊事覺元昊酖其母殺之沉山喜之族于河

宗實太宗之曾孫商王元份之孫江寧節度使允讓之子也帝未有儲嗣取入宮命皇后拊鞠之生四年矣

李迪罷

以王曾同平章事蔡齊盛度參知政事王隨李諮知樞密院事王德用韓億同知院事

秋七月作睦親宅即玉清昭應宮故地也

冬十一月故后郭氏暴卒

詔竄內侍閻文應于嶺南閻文應弒之也

詔錄五代及諸國後

十二月

吐蕃唃廝囉大敗趙元昊于河湟

丙子 三年

夏五月

貶知開封府范仲淹及集賢校理余靖館閣校勘尹洙歐陽修于外詔戒羣臣越職言事

冬十月

契丹初殿試進士 放中國禮義之事

十一月皇太后楊氏崩謚曰莊惠祔葬永定陵以王德用知樞密院事章得象同知院事

李諮卒

丁丑 四年

春二月祠赤帝于宮中祈嗣也

夏四月呂夷簡王曾宋綬蔡齊罷以王隨陳堯佐同平章事韓億程琳石中立參知政事盛度知

十二月

趙元昊侵回鶻取瓜沙肅州元昊既悉有夏銀綏宥靜寧靈鹽會勝甘涼又取瓜沙肅州而洪定威龍皆即堡鎮號為州仍居興州地方萬里改元大慶設十六司以總庶務置十二監軍司委酋豪分統其衆

樞密院事王䝉同知院事

冬十二月地震 京師及定襄并代忻州皆震而并代忻尤甚彌于五百里誠大異也壓死及傷者不計其數

戊寅寶元元年

春正月求直言

三月以張士遜章得象同平章事王䝉李若谷參知政事王博文陳執中同知樞密院事

夏四月王博文卒以張觀同知樞密院事

冬十月詔戒百官朋黨

趙元昊殺其叔

十一月沂公王曾卒

十二月京師地震

己卯 二年

夏四月募民入粟實邊

五月罷王德用以夏守贇知樞密院事

王曾卒 諡文正曾性資端厚在朝廷進止有常處平居寡言笑人不敢干以私進退士人莫有知者

以夏竦爲涇原秦鳳安撫使范雍爲鄜延環慶安撫使經略夏州

父山遇稱帝于夏州

加吐蕃唃廝囉保順節度使 加以節鉞欲其共擊元昊然卒未聞有破賊之績

六月

秋七月

冬十一月盛度程琳罷以王鬷知樞密院事宋庠參知政事

庚辰 康定元年

春正月朔日食

二月除越職言事之禁

三月王鬷陳執中張觀免 鬷以帝問邊事不能對也

削趙元昊賜姓官爵

契丹宗真迎其母蕭氏于慶州

夏入寇保安軍巡檢指揮使狄青擊敗之

命知制誥韓琦安撫陝西

元昊寇延州副總管劉平石元孫戰沒二月貶范雍知安州

以晏殊宋綬知樞密院
事王貽永同知院事
夏五月張士遜致仕以呂
夷簡同平章事
秋八月以杜衍同知樞密
院事
九月李若谷罷以宋綬晁
宗慤參知政事
以晏殊爲樞密使王貽
永杜衍鄭戩爲副使
冬十二月宋綬卒

以夏竦爲陝西經略安撫招討使韓琦范仲淹副之

元昊陷塞門諸砦

以范仲淹兼知延州

元昊寇三川諸砦環慶副總管任福攻其白豹城克之

宋綬卒

辛巳 慶曆元年

春正月

元昊遣人至延

二月			州議和范仲淹以書諭之	
三月			元昊寇渭州任福與戰于好水川敗死貶韓琦知秦州	
夏四月		貶范仲淹知耀州		
五月宋庠鄭戩罷以王舉正參知政事任中師任布爲樞密副使		以陳執中同陝西安撫經略招討使		
秋八月			元昊陷豐州	
冬十月		夏竦陳執中免		

壬午 二年

春三月晁宗愨罷

契丹來求關南之地

夏四月遣知制誥富弼報之

五月以大名府爲北京

秋七月任布罷以呂夷簡章得象兼樞密使加晏殊同平章事

富弼還復如契丹

分陝西爲四路以韓琦王沿范仲淹龐籍兼經略安撫招討使

富弼如契丹

富弼復如契丹

顏真卿之使李希烈盧杞陷之也富弼之使契丹呂夷簡欲陷之也真卿死于希烈鄭公不屈契丹事雖不同而忠義則同也若夫夷簡之事仁宗首倡廢后

契丹遣使如宋求關南之地

九月暨契丹平

冬十一月徵處士孫復爲國子監直講

以富弼爲翰林學士辭不拜

弼不居契丹平之功也

三年 癸未

春正月元昊上書請和

之謀繼以排斥忠良今又欲陷鄭公君子原情定罪不當置夷簡于盧杞之下

元昊寇鎮戎軍副總管葛懷敏會兵禦之敗死元昊遂大掠渭州

以韓琦范仲淹龐籍爲陝西安撫經略招討使置司涇州

元昊上書請和

二月立四門學

三月以呂夷簡爲司徒同議軍國大事

以晏殊同平章事兼樞密使賈昌朝參知政事

富弼爲樞密副使弼固辭不拜

弼不受賞見契丹之和好不可恃而中國之備不可懈也

召夏竦爲樞密使

夏四月以韓琦范仲淹爲樞密副使杜衍爲樞密使

自正月不雨至于是月

以歐陽修王素蔡襄知諫院余靖爲右正言

帝禱于西太乙宮是日
雨
呂夷簡罷
五月朔日食
秋七月王舉正罷
八月范仲淹參知政事富
弼爲樞密副使
九月任中師罷
冬十二月河北雨赤雪河
東地震

甲申 四年

春正月帝復御經筵

即位之初御經筵至是垂二十年僅克再見豈不深可惜哉

荊王元儼卒

元儼太宗第八子嚴毅不可犯天下崇憚之名聞外夷呼爲八大王

以韓琦爲陝西宣撫使

三月詔天下州縣立學行科舉新法

夏四月作太學五月帝謁孔子

六月開寶寺塔火

京師旱蝗

秋七月大封宗室 時祖宗之後未有封王爵者帝用富弼議封秦王廷美子德文爲東平王潤王元份子允讓爲汝南王燕王德昭孫從藹爲潁國公岐王德芳孫從照爲安國公同時封王公者凡十人

許公呂夷簡卒

九月晏殊罷以杜衍同平章事兼樞密使賈昌朝爲樞密使陳執中參知

德文爲東平王

允讓爲汝南王

從藹爲潁國公

從照爲安國公

以范仲淹爲陝西河東宣撫使

以富弼爲河北宣撫使

許公呂夷簡卒

元昊復遣使上表

契丹党項諸部叛附于夏

契丹初修國史

政事

冬十一月

契丹以雲州為西京雲州卽雲中也于是契丹境內凡五京幅員萬里

十二月

冊元昊為夏國王

乙酉五年

春正月罷杜衍范仲淹富弼以賈昌朝同平章事兼樞密使宋庠參知政事王貽永為樞密使吳育龐籍為副使

三月罷樞密副使韓琦

罷科舉新法

夏四月朔日食
五月章得象罷以陳執中同平章事兼樞密使吳育參知政事丁度爲樞密副使
冬十一月罷京東安撫使富弼

丙戌
六年
春三月朔日食
秋八月以吳育爲樞密副使丁度參知政事

丁亥
七年
春二月大旱詔求直言
三月賈昌朝吳育免
以文彥博參知政事高

若訥爲樞密副使

帝禱于西太乙宮是日雨

冬十一月太子太傅致仕李迪卒

戊子 八年

春正月以文彥博同平章事 貝州卒王則據城反以彥博爲河北宣撫使執王則檻送京師誅之詔以彥博同平章事

衛士作亂伏誅 親從官顏秀等四人作亂

三月詔羣臣言時政闕失

太子太傅致仕李迪卒 謚文定

元昊卒 元昊子諒祚方期歲養于母族訛龐沒藏氏所生也○初元昊娶遇乞從女野利氏生甯令哥欲爲甯令哥納沒移氏爲妻見其美自取之甯令哥憤殺元昊不死劓其鼻而去匿訛龐家爲訛龐所殺元昊因鼻創而死

		己丑
夏四月罷丁度以明鎬參知政事 五月無雲而震夏竦免以宋庠爲樞密使龐籍參知政事 六月明鎬卒 河北京東大水 冬十月以美人張氏爲貴妃		皇祐元年 春正月朔日食 二月彗星見 不五月而有儂智高之反 夏五月加知青州富弼禮
	明鎬卒	
冊諒祚爲夏國王		

部侍郎辭不受賞弼青州救荒之功也

帝幸後苑觀刈麥

六月以賈昌朝爲觀文殿大學士判尚書都省

秋八月陳執中罷以宋庠同平章事高若訥參知政事龐籍爲樞密使梁適爲副使

九月罷武舉

廣源州儂智高反寇邕州

儂氏自唐初卽雄于西原唐末交阯強盛廣源服屬之知儻猶州儂全福爲交人所殺其妻嫁商人生智高冒姓儂氏旣壯與其母

冬十月

庚寅 二年

秋九月大享天地于明堂

赦

冬十月

閏十一月詔太子中舍致仕胡瑗定雅樂

據儻猶州建國曰大曆交人攻而執之釋其罪使知廣源州智高怨交阯乃乘間襲據安德州僭稱南天國改元景瑞求內附中國不許智高怒與廣州進士黃師宓謀據廣南以自王

夏請平于契丹契丹不許

契丹伐夏獲諒祚之母于賀蘭以歸

辛卯 三年	春正月帝幸魏國大長公主第公主太宗女也 三月宋庠免以劉沆參知政事 秋八月京東淮浙饑 冬十月文彥博免以龐籍同平章事高若訥爲樞密使梁適參知政事王堯臣爲樞密副使		夏竦卒		
壬辰 四年	夏五月資政殿學士汝南公范仲淹卒		汝南公范仲淹卒		

以狄青爲樞密副使

秋七月

冬十月以胡瑗爲國子監直講

十一月朔日食

謚文正爲政忠厚所至有恩邠慶二州之民與屬羌皆畫像立生祠其卒也哀號如失父母 儂智高陷邕橫諸州遂圍廣州詔鈐轄陳曙等發兵討之	儂智高陷昭州 九月以孫沔爲廣南安撫使 以狄青爲荆湖宣撫使督諸軍討儂智高	儂智高陷賓州復入于邕

十二月

狄青勒兵賓州陳曙兵敗青斬之以徇

癸巳五年

春正月會靈觀火

狄青夜度崑崙關大敗儂智高于邕州智高走大理廣南平

詔余靖經制廣西追捕儂智高

召青還朝

後二年靖遣都監蕭注入特磨道生獲智高母及其弟智光子繼宗繼封又募死士使大理求智高重譯得至會智高已死于大理函首至京師乃誅其母及其弟子

夏五月高若訥罷以狄青爲樞密使孫沔爲副使

秋七月龐籍罷以陳執中梁適同平章事

冬十月朔日食

甲午 至和元年

春正月貴妃張氏卒追冊爲温成皇后

二月孫沔罷

京師疫

內出犀角二令太醫和藥以療民其一通天犀也左右請留供服御帝曰吾豈貴異物而賤百姓哉立命碎之

以田況爲樞密副使

三月王貽永罷以王德用

為樞密使
夏四月朔日食用牲于社
秋七月以程戡參知政事
梁適免
八月以劉沆同平章事
冬十月葬溫成皇后祔其
主于太廟

乙未
二年
春三月改封孔子後世愿
為衍聖公世愿孔子四十七代孫
夏六月陳執中免以文彥
博富弼同平章事
秋八月

契丹宗真死子
洪基立

冬十二月修六塔河

丙申 嘉祐元年

春正月帝有疾文彥博等宿衞禁中二月帝疾瘳

閏三月以王堯臣參知政事程戡爲樞密副使

夏四月河決六塔

六月大水社稷壇壞詔求直言

彗出紫微垣

秋八月朔日食

罷狄青判陳州以韓琦

改元清寧在位四十七年壽七十歲

爲樞密使
冬十一月王德用罷以賈
昌朝爲樞密使
十二月劉沆免以曾公亮
參知政事

以包拯知開封府呼爲包待制京師爲之語曰關節不到有閻羅包老

丁酉 二年
春二月祁公杜衍卒以翰
林學士歐陽修知貢舉
三月護國節度使同平章
事狄青卒
夏四月幽州地大震壞城郭覆壓死者數萬人
秋八月詔諸州置廣惠倉

杜衍卒

狄青卒諡曰武襄

冬十二月詔間歲一舉士

韓琦請以天下沒入戶絕田使人耕而收其租别爲倉貯之以給州縣之老幼貧疾不能自存者謂之廣惠倉

置明經科

戊戌 三年

夏六月文彥博賈昌朝罷以韓琦同平章事宋庠田況爲樞密使張昪爲副使

以包拯爲御史中丞

秋八月朔日食

王堯臣卒

己亥 四年

春正月朔日食用牲于社

夏四月封周世宗後柴詠爲崇義公

秋七月放宮人

田況罷

冬十月大祫于太廟

十一月召河南處士邵雍不至

庚子 五年

夏四月程戡免以孫抃爲樞密副使

五月

汝南王允讓卒追封濮王

（濮王渾厚寬莊知太宗正寺二十年宗子好學者勉進以善不率教者勸戒之不變始正其罪人皆畏服及薨謚曰安懿其子宗實育于宮中）

召王安石爲三司度支判官

（安石臨川人好讀書善屬）

六月

冬十一月宋庠免以曾公亮爲樞密使以張昇孫抃參知政事歐陽修陳旭趙槩爲樞密副使

文曾鞏攜其所撰文以示歐陽修修爲延譽擢進士上第

歐陽修等上新唐書

契丹新置國子監

辛丑 六年

春三月起復富弼同平章事弼固辭許之

夏四月陳旭罷以包拯爲樞密副使

六月朔日食

以司馬光知諫

司馬光立朝行己正大和平無幾微之可議不祇冠有宋諸臣求之歷代亦不可多得其論君德有三曰仁明武治道有三曰任官信賞必罰要言至理可書丹扆座右萬世不易也

秋八月以曾公亮同平章事張昇爲樞密使胡宿爲副使

閏月策賢良方正直言極諫之士

以歐陽修參知政事

冬十月起復宗實知宗正寺固辭不拜

是時宗實居父濮王之喪仁宗將起爲嗣是以命知宗正宗實固辭乞終喪制其賢可知矣

院

以王安石知制誥

壬寅 七年

春三月孫抃罷以趙槩參

知政事吳奎爲樞密副使

夏四月樞密副使包拯卒

秋八月立宗實爲皇子賜名曙九月進封鉅鹿郡公

宗實既終喪韓琦言宗正之命初出外人皆知必爲皇子不若遂正其名帝從之琦至中書詔翰林學士王珪草詔詔下宗實復稱疾固辭章十餘上記室周孟陽請其故宗實曰非敢徼福以避禍也孟陽曰今已有此迹設固辭不受中人別有所奉遂得燕安無患乎宗實大悟司馬光又請帝責以大義從之宗實遂受命將入宮戒其舍人曰謹

包拯卒

峭直耿介公正無私宋室之賢臣也

守吾舍上有適嗣吾歸矣

癸卯 八年

春三月帝崩鉅鹿公曙即位尊皇后爲皇太后赦

按仁宗四十二年深仁厚澤敬天恤民親賢禮士可謂宋室之賢君矣然無罪而廢正后飾非而謫諫官是誰之過歟

帝有疾詔請皇太后權同聽政

立皇后高氏

夏五月以富弼爲樞密使

秋七月帝疾瘳

冬十月葬永昭陵

契丹耶律重元反兵敗自殺

英宗皇帝

名曙太宗曾孫仁宗嗣子在位四年壽三十六歲

甲辰 治平元年

夏五月太后還政于帝加

韓琦尚書右僕射

帝疾瘳韓琦欲太后撤簾還政因自求去以示諷太后曰相公不可去我當居深宮耳遂起琦卽厲聲命撤簾簾既落猶于御屏後見后衣也

六月增置宗室學官

秋八月詔日開經筵

冬十一月刺陝西民爲義勇軍

此韓琦之議司馬光力諫不聽光至中書與琦辨琦不從卒爲陝西之患

十二月吳奎罷

以內侍爲陝西諸路鈐轄

陝西適當夏人之衝以刑餘小人爲諸路鈐轄此實唐人監軍之轍耳

吐蕃木征以河州內附

乙巳二年

春二月罷三司使蔡襄

夏四月詔議崇奉濮王典禮

五月以陳旭爲樞密副使

秋七月富弼張昇罷以文彥博爲樞密使呂公弼爲副使

八月京師大水詔求直言

冬十一月

吐蕃唃廝囉死以其子董氊爲保順節度使

丙午 三年

春正月温州火

焚官民居萬四千間死者五千人

詔稱濮王爲親立園廟

謫侍御史呂誨等于州縣

帝詔羣臣議崇奉濮王典禮韓琦謂宜追隆所生司馬光謂漢宣帝爲孝昭帝後不追尊衛太子史皇孫光武上繼元帝不追尊鉅鹿南頓君以準封贈期親尊屬故事封請大國王珪等議濮王于仁宗爲兄宜稱皇伯歐陽修引喪服大記以爲爲人後者爲其父母降服期年而不沒父母之名稱皇伯非禮琦與曾公亮是修議呂誨范純仁呂大防是珪議于是琦等定議尊濮王爲皇夫人爲后帝稱親

契丹復改國號曰遼

繼是亦止以遼書之

帝謙讓不受皇后尊號止稱親貶呂誨等于州縣富弼亦與修爭遂辭相與修絕〇程伊川嘗云宜稱伯父濮國大王〇于時在廷之臣皆無定議惟伊川以爲當稱皇伯父爲得之

三月彗星見西方 下月夏人寇邊

夏四月胡宿罷以郭逵同簽書樞密院事

秋九月朔日食

冬十月詔禮部三歲一貢舉

十一月帝有疾

十二月立子頊爲皇太子大赦

夏人寇邊環慶經略使蔡挺擊走之

丁未 四年

春正月帝崩太子卽位大赦

尊皇太后曰太皇太后皇后曰皇太后

以吳奎爲樞密副使

以韓琦爲司空兼侍中

二月立皇后向氏

后太尉敏中之曾孫定國留後經之女帝爲穎王時納之

始命公主行見舅姑禮

三月歐陽修罷以吳奎參

按英宗讓位于受命之初是未知魚與熊掌之爲美也至其傳位於子而猶有難色者是不忍舍魚與熊掌之味也然則堯舜者是不有魚與熊掌者也故至人無欲

御批　司馬光綜史傳為通鑑其學殖淹博文詞最為典雅豈不能為四六者蓋因宋承五季之後時猶崇尚俳偶競趨浮華故光以不能四六為辭所以矯當世之失而欲

知政事

以司馬光為翰林學士固辭不許光對曰臣不能為四六帝曰如兩漢制誥可也光乃就職

閏月

夏四月以司馬光為御史中丞

秋八月葬永厚陵

京師地震

九月

罷司空侍中韓琦吳奎陳升之罷升之舊名旭避帝嫌名以字行

以呂公弼為樞密使張

以王安石知江寧府

召王安石為翰林學士

返之惇朴其用意良深矣固非如後世鄙陋無文之人高談性命而薄視辭章以自文其不學者所得而藉口也

御批

王安石賦性堅

方平趙抃參知政事韓絳邵亢爲樞密副使

復以司馬光爲翰林學士

冬十月張方平罷

十二月

神宗皇帝 名頊英宗子在位十八年壽三十八歲

戊申 熙寧元年

春正月朔日食

趙槩罷以唐介參知政事

夏四月詔王安石越次入對

夏主諒祚卒子秉常立

僻動輒援引古義以文其執拗之私心而又口給便捷應辯不窮足以惑之人主亂大所謂聽奸似忠大詐似信也

六月河決恩冀瀛州

秋七月以陳升之知樞密院事

京師地震 自七月至十一月京師地震者六河朔地亦大震

九月初封太祖曾孫從式爲安定郡王

冬十一月郊

十二月邵亢罷

己酉二年

春二月以富弼同平章事

王安石參知政事

創制置三司條例司議

封從式爲安定郡王 從式太祖曾孫德芳之孫也

夏人寇秦州

行新法命陳升之王安石領其事

新法農田水利均輸保甲免役市易保馬方田

夏四月河決地震○旱

參知政事唐介卒

遣使察農田水利賦役于天下

五月

六月

唐介卒

介簡伉敢言居政府嘗與王安石爭辯而安石強解帝主其說介不勝其憤遂疽發背而卒謚曰忠肅

罷知開封府滕甫

罷翰林學士鄭獬宣徽北院使王拱辰知制誥錢公輔

罷御史中丞呂誨

秋七月朔日食〇行均輸法

八月定謀殺傷首原法貶判刑部劉述等六人

謀殺天下之大惡王法所必誅雖傷而不死然原其情不可恕也輕事首原理或宜然謀殺首原悖理甚矣安石准其首原劉述執奏不已因而被貶惜哉

罷判國子監范純仁

歷觀四月以來賢臣之被黜者六人滕甫以見忌王安石而罷出鄭獬王拱辰以梗新法而去官錢公輔呂誨以直言而得罪范純仁以沮法而左遷

以程顥權監察御史裏行

貶判刑部劉述等六人

六人劉琦錢顗孫昌齡丁諷王師元劉述也

罷條例司檢詳文字蘇轍

九月行青苗法

冬十月富弼罷以陳升之同平章事

十一月命韓絳制置三司條例

頒農田水利約束

置諸路提舉官

掌行青苗免役農田水利諸路凡四十一人

十二月下龍圖閣學士祖無擇秀州獄貶爲忠正節度副使

以張載爲崇文院說書

尋辭歸增置宮觀官

帝以監司郡守有老不任職者則與閑局王安石亦欲以

以呂惠卿爲崇政殿說書

處異議者故增置宮觀官不限員

庚戌三年

春正月

二月河北安撫使韓琦請罷青苗法王安石稱疾不朝詔諭起之

以司馬光爲樞密副使固辭不拜

解韓琦河北安撫使

三月始以策試進士

夏四月趙抃罷以韓絳參知政事

罷判尚書省張方平

貶知審官院孫覺知廣德軍

貶御史中丞呂公著知潁州

罷知制誥宋敏求蘇頌李大臨

五月詔罷制置條例歸中書以呂惠卿兼判司農寺

韓絳惠卿王氏黨也韓絳入中書故以條例歸之青苗免役等法付司農寺故命惠卿判之則新法之根益固矣

分審官東西院六月罷知諫院胡宗愈

罷監察御史裏行程顥張戩右正言李常以謝景温爲侍御史知雜事 景温乃安石之姻家也		罷知諫院胡宗愈以朱壽昌通判河中府
遼立賢良科 令進是科者先以所業十萬言進		

御批

宋神宗勵精圖治王安石遂以新奇可喜之說雜漸並進沓致海內梦然民生重困蘇軾云願鎮以安靜待事之來然後應之深得致治大體不祇爲當時藥石至其條奏詳明洋洋纚纚文亦可觀

秋七月罷呂公弼知太原府以馮京爲樞密副使

八月

九月以劉庠知開封府曾公亮罷以馮京參知政事吳充爲樞密副使

策賢良方正之士黜台州司戶參軍孔文仲罷

出直史館蘇軾通判杭州 神宗因曲庇一王安石而數君子俱罷貶嗚呼退一小人如是其難去衆君子如是其易神宗亦可謂寄生之君矣

以韓絳爲陝西安撫使

以曾布爲崇政殿說書判司農寺

夏人寇環慶州

以韓絳爲陝西宣撫使

翰林學士司馬光

冬十月陳升之罷

翰林學士范鎮致仕

十二月改諸路更戍法

立保甲法

以韓絳王安石同平章

事王珪參知政事

行募役法

辛亥 四年

春二月更定科舉法專以

經義論策試士

安石定科之法最爲得之觀其言士當少壯時正當講求天下正理乃閉門學作詩賦及其入官世事皆所未習此科舉敗壞人材致不如古其識見高于人遠矣但曰士各

韓絳使种諤襲夏人敗之遂城囉兀

占治一經而春秋獨不與焉此所以為千古叛經之罪人也

三月韓絳免

詔察奉行新法不職者

浚漳河

夏四月以司馬光判西京留臺

五月右諫議大夫呂誨卒

六月貶富弼官徙判汝州

八月

夏人陷撫寧諸城詔安置种諤于潭州韓絳免

呂誨卒罷知開封府韓維

高麗入貢

知蔡州歐陽修致仕

以王雱為崇政殿說書雱安石子性敏甚未冠已著書數十萬言舉進士調

冬十月立太學生三舍法生員釐爲三等始入太學爲外舍外舍升內舍內舍升上舍上舍免發解及禮部試召試賜第

壬子 五年

春正月置京城邏卒察謗時政者

命王韶主洮河安撫司事

進德尉爲人剽悍陰刻無所顧忌○安石以臨川甑鼠而壞宋人之國當時羣賢一網打盡然猶未爲酷也又有王雱一狠監出焉幸而宋祚未克告終而雱也早隕厥軀是亦宋不幸中之一幸也

二月以蔡挺爲樞密副使
三月判汝州富弼致仕
行市易法
夏五月行保馬法
王安石求去位帝不許
秋閏七月
八月觀文殿學士致仕歐陽修卒
頒方田均稅法
九月少華山崩其下地裂陷居民數百戶

以章惇爲湖北察訪使

歐陽修卒謚文忠

南平王李日尊死子乾德嗣日尊公蘊之孫也既死乾德遣使來告哀詔封乾德交趾郡王

冬十月

十一月

十二月以陳升之爲樞密使

癸丑 六年

春三月置經義局

夏四月朔日食

文彥博罷

六月置軍器監

知南康軍周敦頤卒

大蝗

置熙河路以王韶爲經略安撫使	章惇招降梅山峒蠻置安化縣		周敦頤卒 敦頤道州營道人博學力行著太極圖易通明天地之根源究萬物之始終得孔孟之本原大有功于學者爲南安司

秋九月初策武舉之士

帝御殿受賀 以王韶破吐蕃及取城也

收免行錢

冬十月開直河

甲寅 七年

春三月遼使人來議疆事

遣太常少卿劉忱報之

大旱詔求直言夏四月

理時通判程珦使二子顥頤往受業既知南康軍即築室于蓮花峯下前有溪即取所居濂溪以名之學者稱爲濂溪先生

章惇平南江蠻

置沅州

吐蕃木征復入河州王韶破走之遂取岷宕洮疊四城

遼使人入朝議疆事

遼以河東路沿邊增修戍壘起鋪舍侵入蔚應朔三

御批

熙寧之時民苦新法如在湯火鄭俠以疏遠小臣繪圖上聞其爲民請命忠讜激切之心猶可想見

權罷新法雨

時民苦新法監安上門鄭俠乃繪圖奏疏且云旱由安石所致去安石十日不雨即乞斬臣宣德門外以正欺君之罪帝反覆觀圖長吁數四翌日遂命罷新法凡十八事民閒讙呼相賀是日果大雨嗚呼天人感應之理安可誣哉

下監安上門鄭俠獄復行新法

王安石免以韓絳同平章事呂惠卿參知政事

王安石亂天下太皇太后嘗乘閒言之帝始疑之及鄭俠疏進安石不自安遂求去韓絳惠卿皆安石乞以代己者時號絳爲傳法沙門惠卿爲護法善神故安石所建無所

州界內使蕭禧來言乞行毀撤別立界至帝諭以俟遣官與北朝官即三州地界之議

更改

五月罷制科

秋七月立手實法

呂惠卿言役出錢未均宜創手實法官爲定立物價使民各以田畝屋宅資貨畜產隨價自占凡居錢五當蕃息之錢一非用器食粟而輒隱落者許告有實以三分之一充賞預具式示民令依式爲狀縣受而籍之以其價列定高下分爲五等既該見一縣之民物產錢數乃參會通縣役錢本額而定所當輸錢

九月三司火

冬十二月以王韶爲樞密副使

遼女真部節度使烏古迺死子劾里鉢嗣

乙卯 八年

春正月蔡挺罷

竄鄭俠于英州罷參知政事馮京放祕閣校理王安國于田里

二月復以王安石同平章事

三月遼人復來議疆事遣知制誥沈括報之

夏四月以吳充爲樞密使

閏月陳升之罷

六月王安石上三經新義詔頒于學官

安石新法害民新義害士其罪可勝誅哉

司徒侍中魏公韓琦卒

遼復使人來議疆事

魏公韓琦卒

琦相三朝立二帝厥功大矣當治平危疑之際兩宮幾成嫌隙琦處之裕如卒安社稷歐陽修謂其臨大

秋七月詔韓縝如河東割地以畀遼
割新疆與之凡東西地七百里遂爲異日與兵之端

八月朔日食○韓絳免

冬十月呂惠卿有罪免

彗星見詔求直言罷手實法

十一月

事決大議垂紳正笏不動聲色措天下于泰山之安可謂社稷之臣豈不信哉贈中書令諡忠獻後追封魏王

交阯大舉入寇陷欽廉州

遼耶律洪基殺其妻蕭氏
聽耶律乙辛之譖而誤殺

十二月以元絳參知政事

曾孝寬簽書樞密院事

絳在翰林詔事王安石而安石嘗德曾公亮之助已引其子孝寬于政地以報之

罷直學士院陳襄

之也

丙辰 九年

春正月

二月

冬十月王安石免以吳充王珪同平章事馮京知樞密院事

以郭逵爲安南招討使

交阯陷邕州知州事蘇緘死之

吐蕃鬼章寇五牟谷

十二月

郭逵敗交阯兵于富良江李乾德降

詔宦者李憲節制秦鳳熙河諸軍 舉秦鳳熙河之大盡制于一閹宦之手是合數鎮之兵權而歸之他時徽宗用貫卒覆天下是豈一朝一夕之故哉

丁巳 十年

春二月王韶免

秋九月河南邵雍卒

邵雍卒 雍天性高邁迥出千古而坦夷溫厚不見圭角及疾病司馬光張載程頤程顥

冬十一月同知太常禮院張載卒	戊午 元豐元年 春閏正月曾孝寬罷以孫固同知樞密院事 夏六月朔日食 秋九月以呂公著薛向同知樞密院事
晨夕候之卒年六十七顥爲銘墓稱雍之學純一不雜汪洋浩大就其所至而論之可謂安且成矣元祐中賜諡康節 張載卒 世稱橫渠先生其學以易爲宗以中庸爲體以孔孟爲法深得乎道統之傳者也	
遼魏王耶律乙辛殺其君之子濬	交阯入貢

己未 二年

春二月召程顥判武學既而罷之

夏五月元絳罷以蔡確參知政事

冬十月太皇太后曹氏崩

下知湖州蘇軾獄貶爲黃州團練副使

軾以詩諷政末爲大咎而李定舒曹等輒欲置之死地太皇太后曹氏違豫中聞之謂帝曰嘗憶仁宗以制科得軾兄弟喜曰吾爲子孫得兩宰相今聞以詩繫獄得非仇人中傷之乎捃至于詩其過微矣宜熟察之帝曰謹受教

大理段氏臣高昇泰興兵討楊義眞滅之而立段壽輝

庚申 三年 春正月以章惇參知政事 三月吳充罷 葬慈聖光獻皇后 秋七月彗出太微垣詔羣 臣直言闕失 九月以馮京爲樞密使薛 向孫固呂公著爲副使 向尋免 冬十一月朔日食	遼出耶律乙辛于興中府
辛酉 四年 春正月馮京罷以孫固知 樞密院事呂公著韓縝 同知院事 三月章惇有罪免以張璪	大理段壽輝死子正明立 立十七年避高氏爲僧

參知政事

夏四月築河堤自大名至于瀛洲

五月立晉程嬰公孫杵臼廟于絳州

報其存趙孤也追封嬰成信侯杵臼忠智侯○神宗紛紛制作無一中禮獨此舉差協輿情耳

秋七月詔定選格

冬十一月朔日食

夏人幽其主秉常七月詔宦官李憲會陝西河東五路之師討之

詔宦官李憲會陝西河東五路之師討夏

李憲出熙河种諤出鄜延高遵裕出環慶劉昌祚出涇原王中正出河東

壬戌 五年

春正月

夏四月朔日食

以王珪爲尚書左僕射兼門下侍郎蔡確爲尚書右僕射兼中書侍郎章惇爲門下侍郎張璪爲中書侍郎蒲宗孟爲尚書左丞王安禮爲尚書右丞

呂公著罷

貶高遵裕等官

以李憲爲涇原經略安撫制置使

以曾鞏爲中書舍人

鞏能文章爲歐陽修所重帝深知之

癸亥 六年

春二月

夏四月

閏六月司徒韓公富弼卒

秋七月孫固罷以韓縝知樞密院事安燾同知院事

九月朔日食

冬十月

夏人寇蘭州貶李憲爲熙河都總管

遼大雪平地丈餘馬死十六七

韓公富弼卒弼歷仕三朝委身幹國忠義之性老而彌篤訃聞贈太尉謚文忠

夏人復入貢

遼耶律乙辛伏誅

十一月太師文彥博致仕

彥博自河南入朝帝嘉其輔立英宗而不伐其功加兩鎮節度使將行賜宴瓊苑遣中使遺詩祖道當世榮之至是以太師致仕

十二月戶部獻今歲民數

時天下凡二十三路東南際海西盡巴僰北極三關東西六千四百八十五里南北萬一千六百二十里天下主客戶一千七百二十一萬一千七百一十三〇按大中祥符七年戶部奏戶九百五萬五千七百二十九口二千一百九十七萬六千九百六十五至是所奏之數戶僅一千七百二十一萬一千七百一十三而口不與焉然自甲寅至癸亥一百十五年而所增者一萬九千四十一戶較諸天

文彥博致仕

彥博之在河南也與富弼等用白居易故事就弼第置酒相樂尚齒不尚官謂之洛陽耆英會司馬光年未六十以狄兼謩故事與焉

寶不能三分之二

甲子 七年

春正月

夏五月詔以孟軻配食孔子

秋七月王安禮罷

冬十二月端明殿學士司馬光上資治通鑑

與上會計錄祥瑞者自異矣

夏人大舉寇蘭州

乙丑 八年

春正月帝有疾

三月詔立延安郡王傭爲皇太子賜名煦皇太后

權同聽政帝崩太子即位赦

按神宗即位以不克復幽燕為病勵精圖治惟勤惟儉將大有為未幾王安石入相任其偏見曲學新法競起海內騷動帝終不悟方且廢逐元老擯斥諫士致祖宗之良法美意變壞殆盡自是邪佞日進人心日離禍亂日起惜哉

尊皇太后曰太皇太后皇后曰皇太后德妃朱氏曰皇太妃

罷京城邏卒及免行錢

廢濬河司蠲逋賦

司馬光自洛入臨

夏五月詔求直言

光居洛十五年天下以為真宰相神宗崩欲入臨避嫌不敢因程顥勸乃行所至民遮道聚觀馬至不得行光懼亟

宋神宗元豐八年

御批

宋哲宗之初廷臣咸欲革除新法猶以改父之

選

召程顥爲宗正寺丞未至卒

王珪卒

以蔡確韓縝爲尚書左右僕射兼門下中書侍郎章惇知樞密院事

以司馬光爲門下侍郎 時天下之民引領拭目以觀新政而議者猶謂三年無改於父之道光曰若王安石呂惠卿所建爲天下害者改之當如救焚拯溺況太皇太后以母改子非子改父也于是

程顥卒

顥十五六時與弟頤聞汝南周敦頤論道慨然有求道之志資性過人充養有道純粹之氣盎于面背門人交友從之歲久未嘗見其有忿厲之容

王珪卒

珪以文學見推流輩然自執政至宰相凡十六年無所建白率道諛將順時號爲三旨相公以其上殿進呈云取聖旨上可否訖云領聖旨退論稟事者云已得聖旨也

政爲嫌司馬光毅然爲以母改子遂使羣疑立釋可謂要言不煩會處大事者矣若以紹聖更法遂尤其建議之際已留瑕隙令惠卿輩得持其短長是皆事後之見爾

衆議少止

六月賜楚州孝子徐積粟帛

秋七月以呂公著爲尚書左丞

罷保甲法

冬十一月葬永裕陵

罷方田法

十二月罷市易法

罷保馬法

哲宗皇帝

名煦神宗子在位十五年壽二十五歲

丙寅　元祐元年

春閏二月蔡確有罪免

以司馬光爲尚書左僕

御批

歷代講筵之設率臨御殿廷諸臣拱侍不過進講數行徒了故

射兼門下侍郎

以呂公著爲門下侍郎

李清臣呂大防爲尚書

左右丞

章惇有罪免以范純仁

同知樞密院事

罷青苗法

三月罷免役法

俱從司馬光之議也

夏四月召程頤爲崇政殿

說書

頤顥之弟也年十八上書仁宗黜世俗之論以王道爲心年踰五十不求仕進大臣屢薦不起至是司馬光呂公著共疏其行義曰河南處士程頤力學好古安貧守節真儒

以李常爲戶部尚書

事而已夫有何益必清宮便殿潛心誦讀朝夕研究始能貫通義理有會於心

者之高蹈聖世之逸民也望擢以不次使士類有所矜式召爲崇政殿說書

韓縝免

王安石卒

以呂公著爲尚書右僕射兼中書侍郎

詔起文彥博平章軍國重事

詔舉經明行修之士

五月以韓維爲門下侍郎

命程頤等修定學制

六月置春秋博士

秋七月立十科舉士法

司馬光奏之也行義純固可爲師表節操方正可備獻納

王安石卒

黜內侍李憲等于外

呂惠卿有罪建州安置

夏主秉常卒子乾順立

知勇過人可備將帥公正聰明可備監司經術精通可備講讀學問該博可備顧問文章典麗可備著述善聽獄訟盡公得實善治財賦公私俱便練習法令能斷請讞

九月尚書左僕射兼門下侍郎河內公司馬光卒

冬十月改封孔子後爲奉聖公

十一月以呂大防爲中書

河內公司馬光卒

年六十八贈太師溫國公謚文正京師人爲之罷市往弔及如陝葬送者如哭私親嶺南封州父老亦相率具祭都中四方皆畫像以祀

以蘇軾爲翰林學士

侍郎劉摯爲尙書右丞

丁卯 二年

春正月禁科舉用王氏經義字說

夏四月詔文彥博十日一議事都堂

以處士陳師道爲徐州教授

師道高介有節安貧樂道博學善文家貧或經日不炊晏如也蘇軾薦之授以是職

五月以劉摯王存爲尙書左右丞

六月以安燾知樞密院事

秋七月朔日食

罷門下侍郎韓維

八月罷崇政殿說書程頤

元祐之間哲后在上賢人在下正太平有爲之時也而韓維以譖愬罷程頤以嫌隙黜何也蓋頤在經筵禮法自持進講色莊繼以諷諫蘇軾以不近人情而嫉胡宗愈以不宜在經筵而譖此皆君子之類自相攻訐求其不罹小人之禍亦難矣○自是遂有洛黨蜀黨朔黨之語洛黨以頤爲首而朱光庭賈易爲輔蜀黨以蘇軾爲首而呂陶等爲輔朔黨以劉摯梁燾王巖叟劉安世爲首而輔之者尤衆

罷右司諫賈易

吐蕃阿里骨誘鬼章使據洮以叛岷州將种誼執之檻送京師

董氈既死養子阿里骨嗣爲邈川首領逼鬼章據洮河种誼執鬼章檻送京師尋赦之聽招其子結咓齪以自贖

戊辰 三年

夏四月以呂公著爲司空同平章軍國事

以呂大防范純仁爲尚書左右僕射兼門下中書侍郎孫固劉摯爲門

下中書侍郎王存胡宗愈爲尚書左右丞趙瞻簽書樞密院事

冬閏十二月蜀公范鎮卒

己巳 四年

春二月東平公呂公著卒

范鎮卒

諡忠文清白坦夷恭儉慎默熙寧元豐間天下望以爲相者鎮與司馬光二人至稱之曰景仁君實不敢有所軒輊

呂公著卒

公著自少講學即以治心養性爲本平居無疾言遽色于聲利紛華泊然無所好遇事善決苟有便于國不以利害動其心王安石博辯騁辭人莫敢與亢公著獨以精識約言服之卒

三月胡宗愈免

孫覺劉安世等論之也

夏四月分經義詩賦爲兩科試士罷明法科

五月

年七十二贈太師封申國公謚正獻

以范祖禹爲右諫議大夫兼侍講

初從司馬光修資治通鑑在洛十五年不事進取帝位擢右正言以婦翁呂公著當國引嫌辭職改著作郎兼侍講公著薨始除右諫議大夫尋加禮部侍郎

安置蔡確于新州

六月范純仁王存罷

以趙瞻同知樞密院事

韓忠彦許將爲尚書左

右丞

秋七月安燾罷

忠彦琦之子也

冬十一月以孫固知樞密

院事劉摯傅堯俞爲門

下中書侍郎

庚午 五年

春三月文彦博致仕

潞公于元豐六年十一月以太師致仕後于哲宗元祐元年復詔起平章軍國事班宰相上而潞公無歲不求去者亦伊尹罔以寵利居成功之心也

夏人來歸永樂之俘詔以米脂等四砦畀之

三月趙瞻卒以韓忠彥同知樞密院事蘇頌爲尚書左丞

夏四月孫固卒

秋八月

辛未

六年

春二月以劉摯爲尚書右僕射兼中書侍郎蘇轍爲尚書右丞王巖叟簽書樞密院事

夏五月朔日食

趙瞻卒

孫固卒

召鄧潤甫爲翰林學士承旨罷御史中丞梁燾諫議大夫劉安世朱光庭

六月浙西水

杭州死者五十萬蘇州死者三十萬詔賜米百萬石錢二十萬緡賑之

冬十一月罷劉摯知鄆州

壬申 七年

春三月以程頤直祕閣判西京國子監旣而罷之

蘇轍沮之也頤在經筵蘇軾以不近人情譖頤直祕閣蘇

翰林學士承旨蘇軾罷

中書侍郎傅堯俞卒

堯俞重厚寡言論事略無隱同司馬光嘗謂邵雍曰清直勇三德人所難兼吾于欽之畏焉雍曰欽之清而不耀直而不激勇而能溫是爲難耳欽之堯俞字也

轍以恐不肯靜沮

夏四月始備六禮立皇后孟氏

后洛州人馬軍都虞候元之孫

五月王巖叟罷

言者論巖叟救劉摯爲朋黨出知鄭州

六月以蘇頌爲尚書右僕射兼中書侍郎蘇轍爲門下侍郎范百祿爲中書侍郎梁燾鄭雍爲尚

遼女真部節度使劾里鉢死

劾里鉢疾篤謂弟盈哥曰烏雅束柔善若辦集契丹事阿骨打能之遂卒母弟頗剌淑襲爲節度使劾里鉢有子十一人烏雅束其長阿骨打其次也

書左右丞韓忠彥知樞密院事劉奉世簽書院事
秋九月召蘇軾爲兵部尚書兼侍讀

癸酉　八年
春三月蘇頌范百祿罷
夏六月梁燾罷
秋七月以范純仁爲尚書右僕射兼中書侍郎
八月京東西河南北淮南水
九月太皇太后高氏崩
太后聽政召用故老名臣罷廢新法苛政舉邊砦之地以

賜西夏于是宇內復安遼主戒其臣下勿生事于疆場臨朝九年朝廷清明華夏綏定力行故事抑絕外家私恩人以爲女中堯舜

冬十月帝始親政詔內侍劉瑗等復入內給事

親政之初未遑他務而亟召閹人入內給事豈瑗等爲賢而賴以經綸天下耶

十二月范純仁乞罷政不許復章惇呂惠卿官貶樞密都承旨劉安世知成德軍

甲戌 紹聖元年

春二月以李清臣爲中書侍郎鄧潤甫爲尚書右

丞

葬宣仁聖烈皇后

三月朔日食不盡如鉤

呂大防罷

策進士罷門下侍郎蘇轍出知汝州

夏四月貶蘇軾知英州尋安置惠州

詔改元惑曾布之說以紹述爲美談改元祐九年爲紹聖元年

以章惇爲尚書左僕射兼門下侍郎范純仁罷

復免役法

以曾布爲翰林學士承旨

以張商英爲右正言

罷翰林學士范祖禹

召蔡京爲戶部尚書以林希爲中書舍人惇欲使希典制誥逞毒于元祐諸臣凡元祐貶黜之

閏月罷十科舉士法

以安燾爲門下侍郎

貶吏部尚書彭汝礪知江州

五月詔進士專習經義

罷制舉置宏詞科

劉奉世罷

六月除字說之禁

以曾布同知樞密院事

秋七月奪司馬光呂公著

制旨爲之

以蔡卞爲國史修撰 卞王安石婿也于是卞求安石舊作日錄改神宗實錄

復以陸師閔等爲諸路提舉常平官

鄧潤甫卒

等贈諡貶呂大防劉摯蘇轍梁燾等官詔諭天下

嗚呼小人之禍至是極矣君子之道至是蹇矣

八月復免行錢

冬十二月重修神宗實錄成安置范祖禹等于遠州

范祖禹及趙彥若黃庭堅安置遠州呂大防徙安州居住

乙亥 二年

春二月復保甲法

冬十月鄭雍罷以許將蔡卞爲尚書左右丞

贈蔡確太師諡忠懷

十一月安燾罷

貶范純仁知隨州

丙子

三年

春正月韓忠彥罷

二月

秋七月

九月廢皇后孟氏

竄范祖禹于賀州劉安世于英州

女真伐紇石烈部阿踈阿踈奔遼

女真節度使頗剌淑死弟盈哥嗣以兄劾者子撒改爲國相時紇石烈部阿踈有異志盈哥自往伐之阿踈聞之往訴于遼

冬十月雷大雨雹

夏人寇鄜延陷金明砦

丁丑 四年

春正月李清臣免

二月追貶司馬光呂公著等官

復罷春秋科

流呂大防劉摯蘇轍梁燾范純仁等于嶺南貶韓維等三十人官大防道卒

三十人韓維劉奉世王覿韓川孫升呂陶范純禮趙君錫馬默顧臨范純粹孔文仲王欽臣呂希哲呂希純呂希績姚緬吳安詩秦觀王攽張耒晁補之賈易朱光庭孫覺趙禹李之純杜純李周

呂大防卒

降太師致仕文彥博爲
太子少保
言者論其朋附司馬光詆毀先烈故也
閏月以曾布知樞密院事
林希同知院事許將爲
中書侍郎蔡卞黃履爲
尙書左右丞
三月
夏五月潞公文彥博卒
六月朔日食
秋八月彗星見西方

知渭州章楶城
平夏

潞公文彥博卒
彥博逮事四朝位將相五十年名聞四夷功成退居朝野倚重卒年九十二追復太師謚忠烈

冬十月以邢恕為御史中丞追貶王珪為萬安軍司戶參軍

十一月梁燾卒于化州

編管程頤于涪州

復立市易法

十二月劉摯卒于新州

戊寅 元符元年

春正月得秦璽于咸陽

咸陽縣民段義于劉銀村修舍得古玉印其文曰受命于天既壽永昌上之詔蔡京等辨驗京以為秦璽○按秦之前以金銀為方寸印及秦得和氏璧乃以玉為之在亡璽之外號曰傳國璽流傳至後唐石晉滅唐唐主從珂攜傳國璽登玄武樓自焚死璽至此已亡矣由是後之得國者

以邢恕為御史中丞

梁燾卒

劉摯卒

各自爲之故晉作受命寶其文曰受天明命惟德永昌周又更作二寶綱目大書得秦璽于咸陽何也所以著蔡京愚惑哲宗之罪也

三月章惇蔡卞請追廢宣仁聖烈皇后不果行

夏四月林希免

秋七月再竄范祖禹劉安世于化梅州祖禹尋卒

京師地震

冬十月

	下文彥博子及甫于同文館獄遂錮劉摯梁燾子孫于嶺南以蔡京爲翰林學士承旨安惇爲御史中丞	范祖禹卒	
			夏人寇平夏城

西元二〇二〇年四月一日重製一版

歷代統紀表 冊三(清段長基撰)

平裝四冊基本定價參仟參佰元正
(郵運匯費另加)

發行人 張敏君
發行處 中華書局
臺北市內湖區舊宗路二段一八一巷八號五樓(5FL., No. 8, Lane 181, JIOU-TZUNG Rd., Sec 2, NEI HU, TAIPEI, 11494, TAIWAN)
客服電話:886-2-8797-8396
公司傳真:886-2-8797-8909
匯款帳戶:華南商業銀行西湖分行 179100026931
印刷:維中科技有限公司
海瑞印刷品有限公司

No. N1019-3

國家圖書館出版品預行編目(CIP)資料

歷代統紀表 / (清)段長基. -- 重製一版. -- 臺北
市 : 中華書局, 2020.04
冊 ;   公分
ISBN 978-986-5512-03-3(全套 : 平裝)

1.中國史 2.年表

610.5 109003700